Eberhard Panitz *Dichter*

Eberhard Panitz

Tagebuch der totgesagten Dichter

verlag am park

Inhalt

Die Dichter und Denker
holt in Deutschland der Henker.
Scheinen Mond und Sterne nicht
ist die Kerze das einzige Licht.

Bertolt Brecht

Ein guter Freund ...

Ein guter Freund, der erstaunliche Geschichten schrieb, sorgte sich darum, dass so viele deutsche Dichter und Denker totgesagt, totgeschwiegen und vergessen würden. Er meinte, man müsse sich darüber Gedanken machen, und schrieb die Namen und die verschmähten Werke in sein Tagebuch. Je mehr es wurden, desto unfassbarer erschien es ihm. Kurz vor seinem plötzlichen Tod vernichtete er das Tagebuch und alle seine ungedruckten Werke. Mir gab er zu verstehen, dass er es nicht fertiggebracht hätte, sich selbst als Totgesagten einzutragen, wie es offensichtlich der Fall sei. Und wahrlich, nirgendwo und niemals ist seitdem noch etwas von ihm oder anderen zu hören, zu sehen oder zu lesen gewesen, von keinem aus seinem trostlosen Tagebuch.

Denn nicht erst seit den umstürzlerischen Zeiten der Reformation und der Revolutionen mehren sich in Europa und anderswo die Anfeindungen und Verleumdungen gegen Schriftsteller und ihre Schriften. Fast ständig leben wir in Notzeiten, Krisen, Kriegen, was Furcht erregt und Vorwände zu Verboten und Einschränkungen liefert. Doch niemand lässt sich gern das Wort verbieten oder seine Ansichten, Pläne und womöglich weltverbesserischen Ideen tadeln oder gar abstrafen. Mancher wird da statt deutlicher Rede und Schrift lieber schweigen und nicht alles Vorbedachte zu Papier bringen. So könnte es jetzt wieder geschehen, daß wie bei früheren Landplagen sich auch große

Geister, um nicht in Verruf zu kommen, mit ihren kritischen Bekenntnissen, Dichtungen, Chroniken, privaten Meinungen und Notizen versteckt halten, möglicherweise für längere Zeit – so dass es selbst nach ihrem Hinscheiden nicht sicher wäre, ihre verborgenen Hinterlassenschaften aufzufinden.

Aber noch mag ich die Hoffnung nicht aufgeben, dass man von all diesen verborgenen Schriften eines Tages den Staub wegblasen und die Siegel der schändlichen Zeiten aufbrechen und in den Büchern blättern und lesen wird, wie es immer mal wieder geschehen ist mit den togesagten, vergessenen und verschmähten Dichtern.

I. Vom Schullehrer das Sudelbuch

Meine Kinderjahre – Faschismus und Krieg – endeten mit der Katastrophe 1945, die für den Osten Deutschlands zugleich Befreiung, Hungerzeit, Sowjetbesatzung und Revolution war. Geschockt und als »gebranntes Kind« der Dresdner Bombenangriffe wusste man da von Schriftstellerei und Politik so gut wie nichts, doch allzubald wollte man mehr und alles wissen. Das Rechnen, Schreiben, Lesen, etwas Erdkunde und Geschichte, das Nötigste aus Biologie und Physik lernte man sowieso und trotz alledem. Dazu gab es in unserer Familie ein paar Bücher, Unterhaltsames und auch Aufklärerisches für den Alltag: ein sogenanntes Doktorbuch, Blumen- und Gartenbücher, Pilzkunde und Haushaltratgeber sowie zerfledderte alte Zeitschriftenbände und Schmöker wie »Moll Flanders«, »Kameliendame«, »Nana«, »Galante Abenteuer« und andere »Amoren«.

Die Karl-May-Schmöker, den »Lederstrumpf« und Jules Verne musste ich mir bei einem Schulfreund borgen und Heinrich Mann, Nexö und später Brecht, Weinert, Seghers aus der Bibliothek oder sonst woher besorgen. Das erste Buch der totgesagten Schriften, mit dem ich als Vierzehnjähriger Bekanntschaft machte, war das Lichtenbergsche »Sudelbuch«. In die Hand drückte es mir unser Physiklehrer im ersten Nachkriegsjahr, der einzige alte Lehrer aus der Nazizeit, der noch unterrichten durfte.

Wir wohnten in Trachau, einem Dresdner Vorort, auf dem Lichtenbergweg, der nach dem Physiker Georg Christian Lichtenberg benannt war. Fast alle Straßen in dieser Siedlung für Kinderreiche, von den Nazis noch in rasantem Tempo vor Kriegsbeginn »fürsorglich« mit Luftschutzkellern gebaut, hatten Namen deutscher Geistesgrößen, zumeist Naturwissenschaftler: Kopernikus, Gauß, Kepler, Frauenhofer, Abbé, Carl Zeiß, Böttger. Ausgerechnet über den guten Lichtenberg unseres Lichtenbergweges wussten wir wenig, doch eines Tages sagte unser Physiklehrer im Unterricht: »Dieser Mann war nicht nur ein berühmter Physiker, sondern ein ebenso berühmter deutscher Schriftsteller, das steht aber nicht auf dem Straßenschild, obwohl es da stehen müsste. Wenn – ja, wenn er nicht solche Sachen wie das ›Sudelbuch‹ geschrieben hätte.« Danach holte er das Buch aus seiner Aktentasche und zeigte es mir, weil wir da wohnten, und ich bekam einen roten Kopf.

Zu gern hätte ich mehr darüber gewusst. Doch unser Physiklehrer winkte ab, als ich in der Pause zu ihm ans Pult ging und zaghaft danach fragte. Er verwies auf das elektrische Experiment mit den sternförmigen Staubfiguren, das er uns gerade vorgeführt hatte. Der geniale Lichtenberg habe mit seinen Schülern und Studenten dieses Experiment erstmals durchgeführt, deshalb spreche man noch heute von den »Lichtenbergschen Figuren«. Das sei wohl doch sein eigentliches Fach gewesen, nicht so sehr seine Bücher, die man größtenteils erst nach seinem Tode hervorgeholt hätte, meinte er etwas verlegen.

Natürlich war dadurch meine Neugier erst recht geweckt, aber es vergingen Wochen und Monate, bis

Georg Christian Lichtenberg (1742-1799)

ich mir getraute, den wackeren Lehrer deshalb wieder anzusprechen, und mehr von ihm darüber erfuhr. Er war mit Leib und Seele Physiklehrer, doch auch in Literatur, Politik und Geschichte sehr bewandert. Es fiel ihm zwar nicht leicht, frühere Fehler und falsche Ansichten, die er auch im Unterricht vertreten hatte, einzugestehen, doch er gab zu, daß man nun vieles, auch Lichtenberg, in der neuen Zeit anders sehen müsse. »Wohl im richtigen Licht«, meinte er, »ohne kleinliche moralische Vorbehalte.« Er erinnerte an das

Buch, das er mir gezeigt hatte und gab es mir anderntags zum Lesen.

Es war jenes berühmt-berüchtigte »Sudelbuch«, ein Sammelsurium frecher, scharfsinniger Sprüche: »Wenn ein Buch und ein Kopf zusammenstoßen und es klingt hohl, ist nicht allemal das Buch daran schuld«, hieß es da, und ich hatte mir selbst erstmal prüfend an den Kopf geklopft. »An allem muss man zweifeln, an 1 + 1 = 2 genauso wie an 2 x 2 = 4«.

Oder: »Wenn uns ein Engel einmal aus seiner Philosophie erzählte, es müssten manche Sätze so klingen wie 2 x 2 = 13.«

Dazu der deftige Witz – platteste Wirklichkeit und traurigste Resignation: »Wir, der Schwanz der Welt, wissen nicht, was der Kopf vorhat.«

Und eine treffliche, uns Schuljungen damals eher erheiternde als schockierende Schulweisheit: »Ich fürchte, unsere allzu sorgfältige Erziehung liefert uns Zwergobst.«

Das Grimmsche Wörterbuch versteht unter »Sudel«: »Pfütze, Schmutzhaufen«, unter »Sudeln«: »im Schmutze herumwühlen«. Auf ein Notiz- und Tagebuch bezogen, scheint dieser Wortsinn fragwürdig, wenn nicht anrüchig.

Doch Lichtenberg wollte sein geistreiches Sammelsurium wohl kaum in Verruf bringen, auch an eine Schmäh- und Oppositionsschrift war zunächst nicht gedacht. Um das Jahr 1765 hatte der angehende Göttinger Professor mit seinen »Sudelbuch«-Notizen begonnen, doch erst viel später kam er damit zu weitaus größerer Berühmtheit als mit all seinen naturwissenschaftlichen und philosophischen Weisheiten, erregte Aufsehen und auch manch Ärgernis.

Dieser weitläufig gebildete Mann, der sich nach Reisen und längerem Aufenthalt in England gut auskannte, hatte sich wie dort üblich ein Kalenderbuch, »Waste-book« (wörtlich »Abfall- oder Müllbuch«), für flüchtige, allererste Notizen über den tagtäglichen Umgang sowie Merkwürdigkeiten angelegt. Es war üblich, das Wesentliche später sauber und geordnet ins »Reine« zu übertragen, in andere Bücher, je nach Interessenlage. Lichtenberg gefiel das für seine Zwecke und behielt es bei. Er wusste dafür im Deutschen keine bessere Benennung als eben »Sudel-, Schmier- oder Klitterbuch«. Oder nannte er es zur Täuschung oder Tarnung so, um ungebetene Neugier davon fernzuhalten? Jedenfalls meinte er, daß dieses Merkbüchlein durchaus verdiene, hierzulande nachgeahmt zu werden: »Eben als ein Buch, worin ich alles einschreibe, so wie ich es sehe oder wie es mir meine Gedanken eingeben, alsdann kann es wieder in ein anderes getragen werden, wo die Materien mehr abgesondert und geordnet sind.«

Schon sein erstes »Sudelbuch« geriet ihm mit den nahezu täglichen Eintragungen übers Jahr zum Sammelband weiser Sprüche, Sentenzen und Aphorismen. Meist waren es nur wenige Zeilen, seltener mehr als eine Seite umfassend. Bevor das andere Geistesgrößen lesen und, seinem Rate folgend, nachahmen konnten, hatte er selbst so sehr Gefallen daran gefunden, daß er diese »Sudelei« munter fortführte, nahezu ohne Unterbrechung bis zum Ende des Säkulums, dem Jahre 1799, das zugleich sein Todesjahr war. Acht oder neun solcher Hefte (eines soll später verloren gegangen sein) lagen da vor, gefüllt mit seinen »Pfennigswahrheiten«, wie er sie nannte, »vermischten Einfällen, verdauten und unverdauten Begebenheiten«, dazu Arbeitsmaterialien, wissenschaftliche oder literarische Entwürfe und Bruchstücke, alles durcheinander, vor allem zum »Memorieren«, weniger zu anderweitiger Verwendung und nicht zur Veröffentlichung bestimmt. Bis zuletzt hatte er sich jedoch die Niederschriften immer wieder vorgenommen, daran gefeilt, korrigiert, manches gekürzt, noch mehr präzisierst und jeweils um den klarsten, geschliffensten Ausdruck seiner Gedanken gerungen. Dieser hohe literarische Anspruch mag auch einer der Gründe gewesen sein, daß seine größeren, zur Publikation bestimmten Werke – Essays, Polemiken, Satiren und Erzählungen, darunter die ihn lange beschäftigenden »Zezuanischen Geschichten« – wenig über Entwürfe und Anfänge hinaus gediehen und wie die Sudelbücher erst spät nach seinem Tod das Publikum erreichten.

Der um sieben Jahre jüngere Goethe, der mit ihm im Briefwechsel über Wissenschaftliches und Literarisches gestanden hatte, hielt Lichtenbergs Schriften, die allgemein nach dem zufälligen, lückenhaften Erscheinen postum kaum beachtet wurden, für die »wunderbarste Wünschelrute« und fand auch bei der reichlichen Komik und den Späßen immer »ein Problem verborgen«. Besonders hatten es ihm dessen zeitkritische Klarsicht und sprachliche Direktheit angetan: »Der fast Lessingsche Ausdruck, der dem Gedanken sitzt wie angegossen.« Aber auch seine universelle Bildung faszinierte Goethe: »Ihm stand eine ganze Welt von Wissen und Verhältnissen zu Gebote, um sie wie Karten und nach Belieben schalkhaft auszuspielen.«

Mit Blick auf die Französische Revolution – die Erstürmung der Pariser Bastille, den Zug der Aufständischen nach Versailles, die Zwangsexmittierung des Königs Ludwig XVI. und der Nationalversammlung Anfang Oktober 1789 – bekannte Lichtenberg, dass sich in diesen Tagen auch bei ihm zu Hause, direkt an Leib und Leben, eine »Revolution« ereignet habe. Zum einen habe er den »halbwilden Zustand«, dass er mit seiner Frau und vier sehr gesunden Kindern glücklich, aber ehelos verbandelt war, eben da ein Ende gesetzt und geheiratet. Und zweitens sei er »von einem Asthmate convulsivo« befallen und geschockt worden, woran er viele Wochen qualvoll litt und täglich, stündlich zu ersticken drohte. »Die Welt ist ein allen Menschen gemeiner Körper«, notierte er im Sudelbuch über seinen festen Glauben vom Zusammenhang aller irdisch-menschlichen, gesellschaftlichen und politischen Geschehnisse und Konvulsionen: »Veränderungen in ihr bringen Veränderungen in der Seele aller Menschen vor, die just diesem Teil zugekehrt sind.«

Nichts hielt er von weltfremder Philosophie und unpolitischem Künstlertum, völlig wertlos erschien ihm ein nicht auf den Menschen und zugleich die Gesellschaft bezogenes Denken. Dabei sah er sich hoffnungsvollen Erwartungen und düsteren Ahnungen ausgesetzt, kannte auch Verzweiflung und Resignation. »In Frankreich gärt es, ob es Wein oder Essig werden wird, ist ungewiss«, schrieb er in sein Sudelbuch. »Je größer und weitaussehender der Plan ist, in den eine Revolution hinein gehört, desto mehr Leiden verursacht sie denen, die darin begriffen sind, indem es nicht jedermanns Sache ist, sich durch den Verstand mit Geduld zu stärken, und dieses umso weniger, je ungewisser es ist, ob er noch die Früchte davon genießen wird.«

Als Aufklärer, der sich nichts vormachen ließ, schloss er ungute Entwicklungen nicht aus: »Allein man lasse einmal die Volksregierungen überall eintreten: so werden vermutlich andere Umstände folgen, die die Vernunft ebenso wenig billigen kann, als die jetzigen. Denn dass das republikanische System ganz frei von allem Unheil sein sollte, ist ein Traum, eine bloße Idee. Was wird es werden, wenn es überhaupt ausgeführt würde?« Und er schloss nicht einmal den schlimmsten Fall aus: »Da der Mensch toll werden kann, so sehe ich nicht ein, warum es ein Weltsystem nicht auch werden kann.«

Es gab Tage und Wochen, da konnte er die Ankunft der neuesten Zeitungen aus Paris nicht erwarten, notfalls musste er sich mit den wenigen deutschen Blättern begnügen, die immerhin eine gewisse Sympathie für die dortigen Ereignisse erkennen ließen. Von einem Rastatter Redakteur, einem einstigen Studienfreund, erbat er sich jeweils die »Zeichen der Zeit«, »Neuigkeiten«, »gut avenierte Anekdoten« und auch mal eine »Miniatur, Handzeichnung oder genaue Schilderung des Äußern von dem großen Bonaparte«. Spöttisch notierte er Skandalöses, was er über die abgewirtschaftete Monarchie erfuhr: »Es ist kein witziger Einfall, sondern die Wahrheit, dass vor der Revolution die Jagdhunde des Königs von Frankreich mehr Gehalt hatten, als die Akademie der Inschriften.«

Weder heroisierte noch verketzerte er die agierenden Personen und deren Prinzipien, sondern bemühte sich bei der damaligen »ungereimten Verwirrung der Begriffe« um genaue Kenntnis, Analyse und Abwägung. »Eine Republik zu bauen aus den Materialien einer niedergerissenen Monarchie ist freilich ein schweres Problem«, gab er zu bedenken. »Es geht nicht, bis erst jeder Stein anders gehauen ist, und dazu gehört Zeit. Ich kann freilich nicht sagen, ob es besser wird. Aber soviel kann ich sagen: Es muss anders werden, wenn es gut werden soll.«

Kaum einer hat wie er in deutschen Landen, wo sich die Marktschreier der Fürsten und Monarchen in verlogenen Prophezeiungen und Drohungen überboten und zum Kriegszug gen Frankreich rüsteten, derart klar die unabweisbaren revolutionären Konsequenzen erkannt. »Außer der Zeit gibt es noch ein anderes Mittel, große Veränderungen hervorzubringen, und das ist die – Gewalt«, sah er voraus. »Ich glaube, ohne deswegen richten zu wollen, man wird ewig und ewig durch Revolutionen von einem System ins andere stürzen.«

Nicht alles, was er in seine Sudelbücher schrieb, wagte er angesichts der Bevormundung und Bespitzelung durch die dienstbaren Kleingeister der herrschaftlichen Obrigkeit laut herauszusagen, nicht einmal im Universitätshörsaal vor seinen Studenten oder gegenüber Freunden. In seinen letzten Lebensjahren war er längst ein weit über die deutschen Grenzen hinaus hoch geachteter Wissenschaftler und Literat, doch er kam nicht umhin, sich immer wieder ducken und auf Kompromisse einlassen zu müssen. In jenem zusehends dramatischeren, obwohl noch fernen Revolutionsgetümmel, sah er sich bald genötigt, die aufmüpfigsten Gedanken tunlichst im »Sudelbuch«, sozusagen seinem »Geheimkabinett«, zu verstecken, da nahezu jeder freimütige Gedanke als jakobinisch verdächtigt wurde. Von Zeit zu Zeit nahm er sich seine Eintragungen vor, korrigierte, milderte, strich allzu kritische oder anklägerische Passagen aus oder schrieb sie seitenlang um.

In Briefen, selbst an gute Bekannte, ließ er sich kaum noch auf politische Themen ein, mied auch Philosophisches, Literarisches sowie die Erwähnung von Personen, um damit nicht Anstoß zu erregen. Er glaubte sich beobachtet und bespitzelt, fürchtete sogar, sein »ärgster Feind« stünde beim Schreiben hinter ihm und sähe ihm zu. Schließlich kam es soweit, dass er keinem Brief und Schriftstück mehr einen wahren Gedanken anvertraute, sofern er Zeit- und Weltkritik, speziell der Regierenden und der Religion enthielt.

»Hinlänglicher Stoff zum Stillschweigen« war ihm die elende Wirklichkeit nun allemal, wie er immer noch bitterlich witzelte und höhnte: »Geht nur einmal hin und schreibt eine Satire auf den regierenden Kammerdiener, auf den natürlichen Sohn oder des natürlichen Sohns Bastard oder des Bastards Bankert. Ihr werdet des Henkers werden. Überhaupt, wenn ihr in Deutschland auf vornehme Herren Satiren machen wollt, so rate ich euch zwei Stücke, entweder wählt euch welche aus dem alten Testament, oder bewerbt euch zuvor um ein Dienstchen zwischen den Tropicis, und wenn euch das nicht ansteht, so haltet's Maul.«

Tragisch, ihn schließlich so in die Enge gedrängt zu sehen, dass er sich beim Tode eines seiner besten Freunde, des wohl entschiedensten deutschen Parteigängers der französischen Revolution, Georg Forster, im Jahre 1794 nur noch mit Maulhalten und Ausflüchten zu helfen wusste. Statt einer von ihm erwarteten würdigen Totenehrung, redete er diesem einstigen Präsidenten der mutigen Mainzer »Gesellschaft der Freunde der Freiheit und Gleichheit« nach, doch nur einer jener »großen Kalkulatoren« gewesen zu sein, die lediglich »die beste Form der Gewölbe nach den Gesetzen der Schwere zu bestimmen«, niemals aber »eine sichere Brücke über eine Gosse zu bauen« wüßten.

In der »Gosse« sah Lichtenberg ein Jahr darauf jedoch eher sich selbst, da die Zustände in den deutschen Landen immer drückender geworden waren. »Ich kann wahrlich nicht ohne Wehmut an den Mann zurückdenken«, den »vortrefflichen Forster«, wie er nun Forsters einstigen Mainzer Mitverschworenen anvertraute. »O wie gerne, wie gerne hätte ich ihm ein paar Bogen gewidmet, wäre ich noch das kinderlose und wegen der Zukunft unbekümmerte, frei denkende und frei schreibende Wesen, das ich ehemals war. Jetzt muss es beim Frei-Denken sein Bewenden haben.«

Und in seinen letzten Lebensjahren, von schwerer Krankheit geplagt, einsam, verbittert und menschenscheu geworden, dazu von revolutionären Kriegen und napoleonischen Eroberungen schockiert und desillusioniert, und angesichts neuer Kriege, Umstürze und wachsender Gegengewalt der althergebrachten Tyrannei verstummte Georg Christoph Lichtenberg schließlich ganz. Eine der letzten Eintragungen kurz vor seinem Tode in seinem letzten Sudelbuch lautete: »Man spricht viel von Aufklärung und wünscht mehr Licht. Mein Gott, was hilft aber alles Licht, wenn die Leute entweder keine Augen haben, oder die, die sie haben, vorsätzlich verschließen.«

II. Schweizer Gipfel und Weimarer Abgründe

Im Juni des Jahres 1788 begegneten sich Goethe und Schiller, die später gute Freunde wurden, zum ersten Mal in Weimar. Dabei kam es weder zu einer persönlichen Aussprache, gleich gar nicht zu einer Verständigung. »Sein ganzes Wesen ist schon von Anfang her anders angelegt als das meinige, seine Welt ist nicht die meinige, unsere Vorstellungsarten scheinen wesentlich verschieden«, schrieb Schiller danach an Christian Gottfried Körner, in dessen Loschwitzer Gartenhaus am Dresdener Elbhang er ein Jahr zuvor liebevoll aufgenommen worden war. Nach weiteren Begegnungen fiel das Urteil Schillers über Goethe noch schroffer und abweisender aus: »Dieser Mensch, dieser Goethe, ist mir einmal im Wege, und er erinnert mich so oft, dass das Schicksal mich hart behandelt hat. Wie leicht ward sein Genie von seinem Schicksal getragen, und wie muss ich auf diese Minute noch kämpfen! Einholen lässt sich alles Verlorene nun nicht mehr …«

Schiller war zwar vom Herzog Carl August der Titel eines Weimarischen Rates verliehen und durch Goethes Vermittlung eine außerordentliche Professur zugesprochen worden, zunächst jedoch ohne festes Gehalt oder irgendwelche Vergünstigungen. Goethe hingegen kam als wohlerzogener Sohn aus einer reichen Frankfurter Ratsherrenfamilie, wo er mit seiner Schwester von auserwählten Hauslehrern schon seit frühester Kindheit vielsprachig, auch in Kunstdingen und weltgewandt erzogen wurde. Er war wohlbestallter Minister und Mitglied des Geheimen Consiliums, der Regierung des Weimarer Herzogtums, und der engste Freund und Günstling Carl Augusts. Dagegen war Schillers Kindheit und Jugend das krasse Gegenstück.

Nach der ärmlichen Dorf- und Lateinschule kam der Vierzehnjährige auf die »Militärpflanzschule«, die berüchtigte »Carlsschule« des schwäbischen Herzogs Carl Eugen. Mit dem folgenden Jura- und Medizinstudium in der Stuttgarter Militärakademie bedeutete das eine drakonische Kasernierung von insgesamt zehn Jahren, die auch nach dem erfolgreichen Studienabschluss und mit der verhassten Tätigkeit als Regimentsmedikus nicht endete. Als er sein Schauspiel »Die Räuber« schrieb, es unter fremdem Namen mit fingiertem Verlagsort drucken ließ und ohne Erlaubnis zur bejubelten Uraufführung in Mannheim fuhr, wurde er zum Herzog beordert und mit zwei Wochen Arrest und strengstem Schreibverbot bestraft. Da musste er sich sogar noch für die Milde bedanken, dass er nicht wie der Vater eines seiner Studienfreunde – der Dichter Christian Friedrich Daniel Schubart – für derartiges »Räuberzeug« auf der Festung Hohenasperg eingekerkert wurde. Den hatte er zuvor noch mit dem Freund in unauffälliger Verkleidung besucht. Nun blieb dem Zweiundzwanzigjährigen selbst nur noch die Flucht – und das Exil – Weimar?

Im Jahre 1775, als Schiller noch im ersten Semester Chirurgie und Lazarettheilkunde für Kriegszwecke büffelte und Lichtenberg gerade ordentlicher Professor in Göttingen geworden war, begann der sechsundzwanzigjährige Goethe von seiner neuen Weimarer Heimat aus mit den Erkundungen von Ländern und Leuten und seinen dann lebenslang beibehaltenen Tagebuchnotizen. Es waren zuerst Zettel und Quarthefte, in die er kuriose Sprüche schrieb:

Ich saug an meiner Nabelschnur
Nun Nahrung aus der Welt.
Und herrlich rings ist die Natur
Die mich am Busen hält.

Da befand er sich auf fröhlicher Wanderschaft »Unterm lieben Schweizer Himmel«. Nur lapidar kennzeichnete er seinen Weg: Waldstieg auf Wasen, Teufelstein, Geschener Alp, Teufelsbrücke, Urner Loch, ein lieblich Thal – Drachen Thal. Banales wechselte mit Genialischem, manches liest sich, als wär's von heute: »Wie ich dirs biete, so habs« – »Dass es der Erde so sauwohl und so weh ist zugleich.« Über den direkten Gang ins Gebirge kein krudes Wort zu viel: »16. Juni: Nachts zehn in Schweiz. Müd und munter vom Berg ab voll Dursts und Lachens. Den 17: Morgens den Hocken vor dem Fenster, Wolken dran auf. Um 1 Uhr von Schwiz weg nach dem Rigi ... 19. früh aufwärts, dann hinab an Vierwaldstätter See. Auf dem See von Vitznau nach Gersau. Zu Mittag im Wirtshaus am See. Gegen zwei dem Grüdli über, wo die 3 Tellen schwuren. Darauf an der Tellen Platte, wo Tell aus sprang. Darauf 3 Uhr in Fluely, wo er eingeschifft ward. 4 Uhr in Aldorf, wo er den Apfel abschoss.«

Vermutlich war für Goethe damals in seiner wunderlichen Besitzergreifung die »Sage vom Tell« nicht mehr als eine Spukgeschichte aus fernen, unheimlichen Zeiten. Noch zweimal unternimmt er danach eine Schweizer Reise mit ausgedehnten örtlichen Erkundigungen. Bei der zweiten Reise 1779 war sein Herzog Carl August dabei, sie sollte der Vollendung

Goethe (1749-1832) und Schiller (1759-1805)

von dessen Fürstenerziehung, aber auch eigenen dichterischen Plänen dienen. Beim drittenmal – Anfang Juli bis Mitte November 1797 – waren es nur noch persönlich-schriftstellerische Gründe, die ihn wiederum zu einer Umkreisung des Vierwaldstätter Sees führten, jetzt jedoch zu direkter Vorarbeit mit genauesten Schematisierungen (der dortigen Sitten und

Gebräuche, von Politik, Geographie, Handel und Gewerbe), um ein Epos über Wilhelm Tell und den tyrannischen Landvogt Geßler zu schreiben. Kein Wort darüber zunächst in seinem Tagebuch, nicht einmal bei dieser dritten, sonst ausführlich beschriebenen Reise.

Aus Eckermanns »Gesprächen mit Goethe«, die erst nach des Dichters Tod publik wurden, erfuhr man, wie weit die Tell-Pläne schon gediehen waren. In einer sonntäglichen Plauderei – 6. Mai 1827 –, gab es einen späten Rückblick. Goethe habe davon erzählt, wie er »von diesem schönen Gegenstand ganz voll« gewesen sei: »Und ich summte dazu schon gelegentlich meine Hexameter. Ich sah den See im ruhigen Mondschein, erleuchtete Nebel in den Tiefen der Gebirge. Ich sah ihn im Glanz der lieblichen Morgensonne, ein Jauchzen und Leben in Wald und Wiesen. Dann stellte ich einen Sturm dar, einen Gewittersturm, der sich aus den Schluchten auf den See wirft. Auch fehlte es nicht an nächtlicher Stille und heimlichen Zusammenkünften über Brücken und Stegen.« Den Tell dachte er sich als »einen urkräftigen, in sich selbst zufriedenen, kindlich-unbewussten Heldenmenschen, der als Lastträger die Kantone durchwandert, überall gekannt und geliebt ist, überall hilfreich, übrigens ruhig sein Gewerbe treibend, für Weib und Kinder sorgend und sich nicht kümmernd, wer Herr und Knecht sei.« Geßler hingegen sah er als einen »Tyrannen, aber einen von der behaglichen Sorte, der gelegentlich Gutes tut, wenn es ihm Spaß macht, und gelegentlich Schlechtes, wenn es ihm Spaß macht, und dem übrigens das Volk und dessen Wohl und Wehe so völlig gleichgültige Dinge sind, als ob sie gar nicht existieren.«

Trotz solch lebhafter Ideen und Vorstellungen kam jedoch Goethes Helden- und Tyrannen-Epos nie zustande. Er habe aber Schiller in den besten Jahren ihrer Freundschaft mehrmals ausführlich davon erzählt, und da sei es geschehen, »dass sich in dessen Seele meine Landschaften und meine handelnden Figuren zu einem Drama bildeten«. Er selbst habe andere Dinge zu tun gehabt, so dass sich die Ausführung seines Vorsatzes immer weiter verschob, gab er vor. Deshalb habe er diesen Gegenstand an Schiller abgetreten, ihn ermuntert und beraten, als er »dann darauf sein bewundernswürdiges Gedicht schrieb.«

Es waren Ausnahmen, etwa bei Reiseschilderungen und auch beim Schreiben von »Dichtung und Wahrheit« oder eben im Fall Schiller, dass Goethe auf solche Erinnerungen und seine Tagebücher zurückgriff. Im Prinzip genügten sie ihm als stichwortartige Chronik, ohne an eine literarische Nutzung oder gar Veröffentlichung zu denken.

Er korrigierte nur streckenweise, nach Muse und Bedürfnis, meist Schreibfehler, manchmal auch, was den Sinn berührte, strich oder tilgte aber kaum etwas, soviel man weiß. Diese Notierungen nach Jahr und Tag galten ihm jeweils für abgetan und abgeschlossen, niemand hatte das Recht auf Zugriff und Einsicht, abgesehen von seinen Sekretären, denen er diktierte und die bei Bedarf – wie im Fall von Schillers »Tell« und der Schweizer Reise – Abschriften anzufertigen hatten. Meist waren es im Tagebuch nur kurze Bemerkungen über Arbeitsvorhaben, Begegnungen, Besuche, Amtspflichten, etwas ausführlicher bei Reisen und seiner Lektüre, nicht einmal in Andeutungen Politisches oder Interna der eigenen oder fürstlichen Familie. Seine Ehefrau Christiane Vulpius titulierte er bis zu ihrem Tode in seinen Diarien als: »Demoiselle Vulpius« – konspirativ abgekürzt: »Dem. V.«

Schwerlich kann man jedoch diesen Mann, der nicht nur als Schriftsteller im Blick der Öffentlichkeit stand und sie eher suchte als mied, einen Geheimniskrämer nennen. Doch auch er hatte sich mit Intoleranz, Zudringlichkeit, Schnüffelei und kleingeistiger Zensur und Willkür seiner Obrigkeit auseinanderzusetzen. Er musste taktieren, sich arrangieren und paktieren, hin und wieder Selbstzensur üben und verstummen. Sogar eigene Werke und manche private wie amtliche Schriften sah er sich gezwungen, bis über sein Lebensende hinaus zurück- und geheimzuhalten.

Goethe nannte seine Italienreise von 1786-88 später selbst eine Flucht. Sein poetisches Talent sei mit der politischen Realität in Konflikt gekommen, in den Jahren bis dahin habe er literarisch so gut wie nichts von Bedeutung zustande gebracht. Aphoristisch notierte Eckermann nach einem Gespräch mit ihm: »Flucht nach Italien, um sich zu poetischer Produktivität wiederherzustellen. Aberglaube, dass er nicht hinkomme, wenn jemand darum wisse. Deshalb tiefes Geheimnis. Von Rom aus an den Herzog geschrieben. Aus Italien zurück mit großen Anforderungen an sich selbst.« Und dann das Bekenntnis, dass auch bei seiner Bekanntschaft mit Schiller »durchaus etwas Dämonisches« obwaltet habe: »Wir konnten früher, wir konnten später zusammengeführt werden, aber dass wir es gerade in der Epoche wurden, wo ich die italienische Reise hinter mir hatte und Schiller der philosophischen Spekulationen müde zu werden anfing, war von Bedeutung und für beide von größtem Erfolg.«

Es waren zudem die entscheidenden Jahre der Französischen Revolution, als sie sich trafen und schließlich zu lebenslänglicher Freundschaft zusammenfanden. Schiller wurde wie Klopstock und anderen Ausländern die Ehrenbürgerwürde des revolutionären Frankreichs verliehen, für das er Sympathie empfand, doch später wegen der Hinrichtung des Königs und des jakobinischen Terrors verurteilt hat. Erst nach Jahren erhielt er das Bürgerdiplom mit seinem falsch geschriebenen Familiennamen »Gille«, aber mit der ehrenvollen Anerkennung, dass er zu den Männern gehöre, »die durch ihre Schriften und ihren Mut der Sache der Freiheit gedient und die Befreiung der Völker vorbereitet haben«. Er soll sehr beeindruckt und verwundert gewesen sein. Unterschrieben war das Diplom auch von Danton, der zu der Zeit, als es Schiller erhielt, schon den Tod unter der Guillotine erlitten hatte. Das Dokument überließ Schiller der Weimarer Bibliothek, erbat sich jedoch eine beglaubigte Kopie, falls »etwa einmal eines seiner Kinder sich in Frankreich niederlassen und dieses Bürgerrecht reklamieren wollte«, da es unbeschränkt und auf seine Nachkommen übertragbar war.

Es wird wohl nicht ausgeblieben sein, dass sich die neu gewonnene Freundschaft Goethes und Schillers auch dieses Themas bemächtigt hat. Obgleich es darüber keine direkten Niederschriften gibt, so hat doch Goethe von seinem Eckermann zumindest gegen Ende seine Lebens das aufschlussreiche Eingeständnis zu Buche bringen lassen: »Man beliebt einmal, mich nicht so sehen zu wollen, wie ich bin, und wendet die Blicke von allem hinweg, was mich in meinem wahren

Lichte zeigen könnte. Dagegen hat Schiller, der unter uns, weit mehr ein Aristokrat war als ich, der aber weit mehr bedachte, was er sagte, als ich, das merkwürdige Glück, als besonderer Freund des Volkes zu gelten. Ich gönne es ihm von Herzen und tröste mich damit, dass es anderen vor mir nicht besser gegangen. Es ist wahr, ich konnte kein Freund der Französischen Revolution sein, denn ihre Gräuel standen mir zu nahe und empörten mich täglich und stündlich, während ihre wohltätigen Folgen damals noch nicht zu ersehen waren. Auch konnte ich nicht gleichgültig dabei sein, dass man in Deutschland künstlicherweise ähnliche Szenen herbeizuführen trachtete, die in Frankreich Folge einer großen Notwendigkeit waren. Ebensowenig war ich ein Freund herrischer Willkür. Auch war ich vollkommen überzeugt, dass irgendeine große Revolution nie Schuld des Volkes ist, sondern der Regierung. Revolutionen sind ganz unmöglich, sobald die Regierungen fortwährend gerecht und fortwährend wach sind, so dass sie ihnen durch zeitgemäße Verbesserungen entgegenkommen und nicht so lange sträuben, bis das Notwendige von unten her erzwungen wird.«

Auf eine harte Geduldsprobe sahen sich die beiden Dichter im Jahre 1804 gestellt, als Schiller sein Theaterstück »Wilhelm Tell« schrieb und sowohl dem Berliner wie dem Weimarer Theater zur Aufführung angetragen hatte. Es kam darüber wie auch bei anderen Werken zu einer freundschaftlichen Verständigung und Zusammenarbeit, wobei Goethe zwar immer wieder seinen Anteil am »Tell«-Stoff betonte, sich aber selbstlos für Schillers Stück und eine gute Inszenierung auf der Weimarer Bühne einsetzte. »In Schillern lag dieses Naturbetrachten nicht. Was in seinem Tell von Schweizerlokalität ist, habe ich ihm alles erzählt«, behauptete Goethe und las und besprach Szene für Szene mit ihm.

Schiller hingegen wandte sich gegen diese »grundlosen Gerüchte« und versicherte: »Ich las die Quellen, ich bekam Lust, die Idee zu dem Stück entwickelte sich bei mir.« Die fehlende Ortskenntnis, die ihm dann doch zu schaffen machte, versuchte er durch eine an die Dachschräge seines Schreibstübchens geheftete »genaue Spezialkarte vom Waldstättensee und seinen Cantonen« zu beheben. Kleinlaut gestand er ein: »Mich würde es bei meinem jetzigen Geschäft sehr fördern, wenn ich auch die Alpen und Alpenhirten in der Nähe gesehen hätte.« Goethe nahm sich weiter des ihm Akt für Akt zugesandten Stückes an, »gemeinschaftlich und vielfach mit Sorgfalt« erfolgten die Proben. Er notierte im Tagebuch: »17. März. Um 11 Uhr im Theater, sodann spazieren. Abends Aufführung vom Tell.«

Doch da begann die herrschaftliche Zuchtrute wegen der politischen Brisanz des Stückes schon gnadenlos auf die beiden Dichter einzuhauen – auch davon jedoch kein Wort in ihren überlieferten Erinnerungen. Zur Handlung des »Tell«-Stücks gehörte nun einmal ein Volksaufstand und der Mord eines tyrannischen Landvogts, den Goethe einen »der ganzen Welt als heroisch-patriotisch-rühmlich geltenden Meuchelmord« nannte. Dazu sollten auf der Bühne die Konstituierung einer Republik und in der Schlussszene sogar die Proklamation politischer Freiheitsrechte erfolgen – und das alles in einer Zeit, als umstürzlerische und republikanische Gesinnungen sofort als revolutionär und jakobinisch denunziert und verfolgt wurden.

Es half nichts, dass Schiller einvernehmlich mit Goethe eine Bühnenfassung in dezenter Selbstzensur hergestellt hatte, in der »viele schwierige und bedenkliche Stellen gestrichen und wesentlich verkürzt« waren, was jedoch nur einstweilen die Bedenken des Weimarer Herzogs zerstreute. Aus Berlin meldete sich Iffland, der dort die Aufführung besorgen sollte, und fragte an: Ob Schiller denn mit dem »Pöbel zu einem tumultarischen Aufjauchzen reizen« wolle. Und er schickte seinen Theatersekretär Pauli in geheimer Mission nach Weimar: »Es muss, dünkt mich, in Weimar Niemand wissen, weshalb er dort ist. Meine Fragen und Wünsche dürfen dort und hier nicht bekannt werden. Ich glaube, man machte damit für Sie, mich und die Tendenz des Tell ein Aufheben ohne Not.«

Es ging um nichts anderes als die Korrektur bestimmter politisch anstößiger Textstellen wie: »Nein, eine Grenze hat Tyrannenmacht« und »Wir stehn vor unsre Weiber, unsre Kinder« und dass man, »mehr den Haß gegen Geßler verkünde, als den Jubel über das Ende der monarchischen Regierung«. Der dienstbeflissene Pauli reiste mit der »veränderten Lesart der drei bedenklich gefundenen Stellen«, also dem zurechtgestutzten Stück, befriedigt nach Berlin zurück. Schiller hatte dem jedoch einen Brief beigegeben, in dem er sich weiter verärgert und widerborstig zeigte: »Können die Stellen, wie sie jetzt lauten, auf einem Theater nicht gesprochen werden, so kann auf diesem Theater der Tell überhaupt nicht gespielt werden.«

Am 17. März 1804 fand dennoch in Weimar die Premiere des auch hier so zugerichteten Stückes statt.

Schon nachmittags war der »ganze Theaterplatz voll Menschen«, auch zahlreiche Fremde kamen von auswärts herbeigeströmt. Goethe, an allem beteiligt, berichtetet mit aufmüpfigem Stolz nach Berlin seinem Freund Zelter: »Was unser Schauspiel zu leisten vermag, hat sich beim Tell gezeigt, der recht gehörig gegeben worden.«

Es ist Schillers letztes Theaterstück, das er vollendete und auf der Bühne sah. Er starb im Jahr darauf, nach mehrmaligen schweren Erkrankungen. Auf seinem Schreibtisch fanden sich zuletzt Entwürfe und über vierhundert Seiten eines Dramas über den zwiespältigen russischen Historienhelden »Demetrius«. Bis zu den Szenen des Feldzuges gegen Moskau und Zar Boris war das Stück schon gediehen, der falsche Demetrius darauf beharrend, sein Aufstand sei gerecht: »Die großen Völker glauben an mich – soll ich sie ins Unglück, in die Anarchie stürzen und ihnen den Glauben nehmen?«

Goethe wollte zunächst dieses Theaterstück zu Ende schreiben, um Schillers Tod zum Trotz »seine Gedanken, Ansichten und Absichten bis ins einzelne zu bewahren«. Schon vom »Wallenstein« an hätten sie gemeinschaftlich »an eigenen und fremden Stücken« zusammen gearbeitet, »er dichtend und bestimmend, ich belehrend, übend und ausführend«. Den Demetrius-Plan hätten sie öfter durchgesprochen, Schiller habe gern mit sich selbst und anderen für und wider streiten wollen, wie es zu machen sei. Goethe schrieb in seine »Tag- und Jahreshefte«: »Sein Verlust schien mir ersetzt, indem ich sein Dasein fortsetzte.«

Als er aber mit Schillers Stück nicht vorankam und – wie er im Tagebuch notierte – nur »weiße

Blätter« von dieser Zeit »traurigster Einsamkeit« und eines »hohlen Zustands« um sich sah, wandte er sich wieder seinem »Faust« zu, den zu vollenden gerade Schiller ihn unentwegt aufgefordert und angespornt hatte. Der glaubte zuletzt »eine Art Dunkelheit und Zaudern« bei Goethe bemerkt zu haben, sobald er auf all die Bruchstücke des »Faustdramas« zu sprechen kam, die er kannte, liebte und für einen »Torso des Hercules« hielt. »Es herrscht in diesen Szenen eine Kraft und eine Fülle des Genies, die den besten Meister unverkennbar zeigt, und ich möchte diese große und kühne Natur, die darin atmet, so weit als möglich verfolgen«, meinte er, doch es blieb wohl ungehört, unerfüllt.

Es waren aber gerade die Schweizer Erinnerungen und Landschaften, die Goethe bis zuletzt dem Freund mitgeteilt hatte und nun in die Sonnenaufgangs-Szenerie »Anmutige Gegend« als Auftakt des 2. Teils seines »Faust« verwandelte. »Ich will es nicht leugnen, dass diese Anschauungen dort herrühren«, sagte Goethe dazu, als ihn Eckermann darauf nach über zwei Jahrzehnten ansprach. »Ja, ich hätte ohne diese frischen Eindrücke jener wunderbaren Natur der erwähnten Terzinen gar nicht denken können …«

Hinaufgeschaut! – Der Berge Gipfelriesen
Verkünden schon die feierlichste Stunde;
Sie dürfen früh des ewigen Lichts genießen,
Das später sich zu uns hernieder wendet …

Noch bis an sein Lebensende arbeitete Goethe an dem »Faust«-Drama. Doch er kam nicht wie er wollte voran und legte das Manuskript mehrmals für Jahre und Jahrzehnte beiseite, dessen ersten Teil er laut Eckermann auf »Postpapier« ohne die geringste Korrektur geschrieben haben soll: »Ein Muster von Reinheit, diese saubere Handschrift.«

Goethe hatte schon bald nach seiner Rückkehr aus Strassburg als Lizentiat der Rechte in den Jahren 1773/74 mit dem Schreiben der ersten Szenen des »Faust« begonnen, angeregt von der Sage und dem Puppenspiel um den Wunderdoktor und Magier, aber auch durch Frankfurter Geschehnisse, vor allem den Strafprozeß und die öffentliche Hinrichtung einer Kindsmörderin im Jahre 1772. Goethe hatte alles aus nächster Nähe miterlebt, Beteiligte gekannt und als junger Anwalt Einblick in die Akten gehabt und vermutlich sogar an Gerichtssitzungen teilgenommen. Einige der frühesten Faust- und Gretchenszenen lassen eine teils wörtliche Nähe zu den Prozessakten und Schilderungen aus jenen Tagen und Wochen erkennen, die sich im Goetheschen Familienbesitz fanden. Nach Schillers Drängen, zögerlicher Weiterarbeit und wieder langen Krisen und Pausen wurde diese Dichtung erstmalig und nur als »Ein Fragment« im Jahre 1790 veröffentlicht. Es war nicht mehr als die Hälfte des heute bekannten ersten Teils, der in der »Domszene« abbrach und das Schicksal Fausts und den Ausgang der Gretchentragödie offenließ.

Doch selbst in der frühesten Fassung des »Urfaust« (aus vorweimarischer Zeit), von der eine Abschrift erst Ende des 19. Jahrhunderts zutage kam, waren die darauf bezogenen Szenen: »Valentins Monolog«, »Trüber Tag. Feld«, »Nacht. Offen Feld« und »Kerker« vorhanden. Offenbar hielt Goethe nun mit Bedacht bereits Geschriebenes zurück und war darüber tief unglücklich, wie er dem Herzog Karl August brieflich gestand: »Als ich mir vornahm, meine Fragmente drucken zu lassen, hielt ich mich für todt.«

Allem Anschein nach hing diese von ihm so schmerzlich empfundene Selbstzensur damit zusammen, dass sich damals in Weimar wiederum eine »Gretchentragödie« ereignet hatte, die er diesmal in noch größerer Nähe erlebte als jene in Frankfurt. Er war nun selbst als zuständiger Minister dazu berufen, in diesem Mordfall zu urteilen und zu verurteilen, wenn nicht gar der entscheidende Richter über Leben und Tod zu sein. Die sehr junge ledige Magd, Anna Catharina Höhn aus dem Dorf Tannroda, war in der Weimarer Niedermühle in Stellung gewesen, ihre Schwangerschaft unbemerkt und die Tötung des Kindes zweifelhaft geblieben. Obwohl sie geständig war, galt es nicht einmal als erwiesen, dass ihr Kind in der dunklen Mägdekammer lebend geboren worden war – oder ob sie das tote Kind gewürgt, erdrückt und ihm in der Angst und Verwirrung Messerstiche beigebracht hatte.

Noch immer galt jedoch in einem solchen Fall die »Halsgerichtsordnung« Kaiser Karls V. von 1532, die besagte, dass: »Item, welche Weiber ihr Kind, das Leben und Gliedmaßen empfangen hätte, heimlicher, boshafter, williger Weise ertöten, die werden gewöhnlich lebendig begraben oder gepfählt; aber, darinnen Verzweiflung zu verhüten, mögen dieselben Übeltäterinnen, in welchem das Gericht die Bequemlichkeit des Wassers dazu vorhanden ist, ertränkt werden…«

Der Weimarer Herzog, der in Maßen aufklärerische Positionen vertrat, soll schon Jahre zuvor angeregt haben, statt des drakonischen »Halsgerichts« mildere strafrechtliche Gesetze zu erlassen. In dem Fall brachte er wiederum Bedenken vor, wandte sich an die Universität Jena und ließ den »Schöppenstuhl« eine Rechtsbelehrung abgeben, ehe er dann im Geheimen Consilium, dem auch Goethe als Mehrfach-Minister angehörte, dazu aufforderte, persönliche Voten darüber abzugeben, ob denn im Falle des Kindsmords wirklich »eine absolute Notwendigkeit herzuleiten sei, selbigen mit dem Tode der Verbrecherin büßen zu lassen«.

Worauf Goethe zunächst ausweichend antwortete: »Da Serenissimus clementis regens gnädigst befohlen, dass auch ich meine Gesinnung über die Bestrafung des Kindermords zu den Akten geben solle …«, so getraute er sich zwar nicht, seine Gedanken »in Form eines Voti zu fassen«, sondern versicherte, in wenigen Tagen einen »kleinen Aufsatz untertänig einzureichen«. Was entweder erfolgte oder nicht erfolgte, jedoch ist in Weimarischen Behörden oder Archiven und auch nicht in sämtlichen Goethischen Veröffentlichungen bis zum heutigen Tag dieser »Kleine Aufsatz« zum Kindsmord-Thema gefunden worden.

Lediglich in »Goethes Amtlichen Schriften«, veröffentlicht vom Staatsarchiv Weimar, wunderlicherweise erst nach anderthalb Jahrhunderten, fand sich neben den protokollierten zwiespältigen Voten der anderen Mitglieder des Consiliums nur eine lapidare Protokollnotiz Goethes vom 4. November 1783. Es war ein eindeutiges Urteil, die Verurteilung, letztlich das Todesurteil für die Magd Anna Catharina Höhn: »Da das Resultat meines untertänigst eingereichten Aufsatzes mit beiden vorliegenden gründlichen Votis übereinstimmt; so kann ich um so weniger zweifeln selbigen in allen Stücken beizutreten, und zu erklären, dass auch nach meiner Meinung rätlicher sein mögte, die Todesstrafe beizubehalten.« An demselben Tag traf dann auch der Herzog Carl August nach monatelangem Beratschlagen, Zögern und Zaudern die Entscheidung, verzichtete auf sein Gnadenrecht und unterschrieb den Hinrichtungsbefehl. Dabei sollten »zur Erhaltung guter Ordnung« auf dem Markte und dem Gerichtsplatz durch 100 Mann Miliz und ein Kommando Husaren »das etwaige Zudrängen des Volks abgehalten werden«.

Auch darüber war und blieb von Goethe bis heute nichts Schriftliches auffindbar. Kein Wort darüber in seinen sonst so getreulichen Chroniken und Schilderungen, den Gesprächsnotizen mit Persönlichkeiten aus allen Himmelsrichtungen und anderen Reise-, Welt- und philosophischen Betrachtungen. Nur unter den gesammelten Briefen findet sich ein Zeugnis vom Hinrichtungstag: »Wir stehen hier alle auf menschlichen Füßen«, schrieb er an Lavater in die Schweiz. »Der Herzog ist brav.« Doch der hatte an diesem hochnotpeinlichen Tag die Stadt verlassen, und Goethe musste dem »Fürstlichen Reisenden« ein »Pülvergen«, das Lavater gesandt hatte, nachschicken.

Überschwänglich grüßte und dankte er dem Schweizer Freund früherer Zeiten dafür: »Lebe wohl und liebe mich, du alter, erfahrner, verständiger, kluger, menschenfreundlicher, tätiger Arzt, der, wenn es die Not erfordert, es nicht für einen Raub hält, zu quacksalben.«

Herrschte nun Not in Weimar, half nur noch Quacksalberei? Und das Wegstecken und Verschwindenlassen von Geschriebenem, von amtlichen Papieren, allzu peinlichen privaten Notizen und Manuskripten aus jugendlichen Tagen über Liebe und Liebesnot, Schuld und Unschuld, Leben und Tod? Sollten Faust und Gretchen gerettet oder gerichtet sein? Gelebtes und Geschriebenes – stimmte es noch überein? Oder gab es hier trotz aller aufklärerischen Gesinnung doch ein Diktum des Herzogs oder der Kirche, dem sich niemand widersetzen konnte, nicht einmal Goethe? Auf keinen Fall ist es erwiesen, dass Goethe selbst irgendwelche Spuren verwischt oder gar getilgt hat. Von seinen Tagebüchern und Jahresheften, die er gewissenhaft lebenslang geführt hat, fehlen ausgerechnet die um das kritische Jahr 1784. Auch in der 143-bändigen Weimarer Gesamtausgabe, der sogenannten »Sophien-Ausgabe«, ist da eine unerklärliche zeitliche Lücke.

Es lässt sich denken, dass es für Goethe jedenfalls schwierig und problematisch geworden war, nach diesen Weimarer Geschehnissen, der Flucht nach Italien und der Veröffentlichung seiner aus Gewissensnot verstümmelten »Fragmente« am »Faust«-Drama weiterzuschreiben, was für ihn doch das »Hauptgeschäft« und der »Hauptzweck« seiner ihm noch gebliebenen Lebenszeit wurde: »Ein Stück seiner eigenen Seele«, wie er sich Eckermann gegenüber äußerte. Beim Hervorholen und Aufschnüren des beiseite gelegten Manuskripts kam es ihm nun selbst »höchst konfus« vor. Ihm war hinterbracht worden, dass August Wilhelm Schlegel in seinen Berliner Vorlesungen kritisierte, dass dieses »mitgeteilte Fragment wie ein ungelöstes Rätsel« sei und man die Absicht des Dichters »nicht ganz überschauen« könne. Weitaus üblere Kritiken kamen von konservativen Moralaposteln und inquisitorischen Eiferern, die sich darüber empörten, dass Faust, der Gotteslästerer und Gretchenverführer, in dem Stück zum bewunderten Helden gemacht würde.

Nachdem Goethe die dem Drama vorangestellten Szenen: »Zueignung«, »Vorspiel auf dem Theater«, »Prolog im Himmel« und die »Walpurgisnacht« geschrieben und die zurückgehaltenen Texte aus dem »Urfaust« nun doch mit der »Kerkerszene« aufgenommen hatte, veröffentlichte er 1808, drei Jahre nach Schillers Tod, den ersten Teil: »Faust. Eine Tragödie.« Darin ließ er nun trotz seiner Gewissensnöte und der Frankfurter und Weimarer Geschehnisse in der »Kerker«-Szene eine Stimme – »von oben« – Gretchen zurufen: »Ist gerettet!«

Es kam in den folgenden Jahren zu teilweise gekürzten und textlich »redigierten« Aufführungen in Berlin und Braunschweig, denen Goethe skeptisch gegenüberstand und fernblieb. Auch bei der Weimarer Uraufführung des »Faust« zu seinem 80. Geburtstag 1829, die zeitgleich mit Dresdener, Leipziger und Frankfurter Inszenierungen stattfand, hielt er sich fern. Denn man hatte ihn bei den Vorbereitungen nicht einmal konsultiert und den skandalösen Forderungen der Zensur nachgegeben, dass alle als politisch anzüglich und kirchenkritisch empfundene Passagen und auch jegliche Verweise auf Gott getilgt werden mussten.

Goethe hinterließ bei seinem Tod die gesamte Handschrift des »Faust«-Dramas, zu dem auch der bis dahin vervollständigte zweite Teil gehörte. Es war und blieb bis zuletzt das »Hauptwerk« und der unwiderrufliche »Hauptzweck« seines Lebens. Im November

1831 hatte er das Manuskript endgültig in einem Paket verschnürt, versiegelt und verfügt, dass es erst »post mortum« geöffnet und an die Öffentlichkeit gebracht werden durfte. Und erst weitere Jahre und Jahrzehnte später kam die »Faust«-Dichtung vollständig auf die Bühne und fand auch gedruckt weite Verbreitung. Doch sein »Faust« wurde längst nicht überall in Deutschland und anderswo als großes Menschheitsdrama und eines der bedeutendsten Werke der Weltliteratur angesehen und verstanden.

Am 1. Dezember 1831, ein Vierteljahr vor seinem Tod, hatte Goethe darüber an Wilhelm von Humboldt geschrieben: »Ganz ohne Frage würde es mir unendliche Freude machen, meinen werten, durchaus anerkannten, weit verbreiteten Freunden auch bei Lebzeiten diese sehr ernsten Scherze zu widmen, mitzuteilen und ihre Erwiderung zu vernehmen. Der Tag aber ist wirklich so absurd und konfus, dass ich mich überzeuge, meinen redlichen, lange verfolgten Bemühungen um dieses seltsame Gebäu würden schlecht belohnt und an den Strand getrieben, wie ein Wrack in Trümmern daliegen und von dem Dünenschutt der Stunden zunächst überschüttet werden. Verwirrende Lehre zu verwirrtem Handel waltet über der Welt, und ich habe nichts angelegentlicher zu tun, als dasjenige, was an mir ist und geblieben ist, womöglich zu steigern.«

Aber schon die folgenden Tage und das Jahr nach seinem Tode, waren »absurd und konfus« genug, mehr als geahnt und befürchtet. Gleich nach dem Öffnen des Manuskript-Pakets und der »Faust«-Veröffentlichung begann mit anderen Eiferern der christlich-nationale *Literaturblatt*-Redakteur Wolfgang Menzel, der schon die schärfsten Attacken gegen Heine, Gutzkow und das ganze »Junge Deutschland« bis zum Verbotserlaß geführt hatte, eine hämische Polemik gegen das »Faust«-Drama. Er nannte es »nicht bloß eine willkürliche poetische Erfindung«, sondern zugleich ein bedenkliches, weil »sehr ernst gemeintes Glaubensbekenntnis« Goethes. »Die Wichtigkeit, die er diesem Schluss des Faust gab, indem er das Manuskript wie ein Heiligtum unter sieben Siegel legte, sobald er die letzte Zeile niedergeschrieben, und selbst nie wieder ansah, deuten nicht allein darauf hin.« Und so wütete Menzel noch Jahr um Jahr und immer unflätiger: »Wenn Faust dafür, dass er Gretchen verführte und verließ, den Himmel verdient, so verdient jedes Schwein, dass sich in einem Blumenbeet wälzt, der Gärtner zu sein.«

Aktuell passt dazu, was das Feuilleton des *Neuen Deutschland* vom Anfang des Jahres 2013 über eine Leipziger Theaterinszenierung von »Mein Faust« zu vermelden weiß: »Elf Spieler und Spielerinnen, in Maske und Kostüm des klassischen Weimar, bilden die brave höfische Etikette, und aus der frisierten Formation bricht es dann zweieinhalb Stunden furios aus – als würde jeder und jede in Abständen immer wieder hinausgeschickt auf eine Folterszene der offenen, versteckten, gequälten, gemeinen, gewalttätigen Sexualität … Blöder geht's nicht.«

Mindestens seitdem weiß man, dass es noch Schlimmeres für deutsche Literaten und die Literatur geben kann als Totsagung oder das gewöhnliche Vergessen …

III. Hessischer Landbote, Verfolgung, Flucht

Nicht immer sind die berühmtesten Werke der Literatur eines Landes die treuesten Zeugnisse und Chroniken ihrer Zeit. Ja, es gibt lange verschwiegene und unterdrückte Schilderungen und Dichtungen, Aufzeichnungen unbekannter oder wenig bekannter Personen, anonyme Berichte und Erzählungen, die erst nach Jahren, Jahrzehnten oder Jahrhunderten zutage kommen. Manchmal ist es auch nur ein Aufruf, eine Kampfansage, die eindringlich und tiefgründig wie kaum je zuvor die Problematik einer Epoche zum Ausdruck bringt. So im Fall der Flugschrift »Der Hessische Landbote«, die Georg Büchner, ein zwanzigjähriger Student aus Gießen, zwei Jahre nach Goethes Tod aus Verzweiflung, Hass und Sorge um sein Heimatland schrieb.

Es war die Zeit schon Jahrzehnte nach der Französischen Revolution, der Napoleonischen Kriege und des Wiener Kongresses. Die vollzogene Restauration überlebter Monarchien und deutscher Kleinstaaterei dauerte an, dazu die Unterdrückung jeglicher politischen Opposition und das Elend der Masse des Volkes. An das Volk, vor allem an Bauern, wandte sich Büchner, und nicht von ungefähr galt der Revolution sein erstes Wort:

»Im Jahr 1789 war das Volk in Frankreich müde, länger die Schindmähre seines Königs zu sein. Es erhob sich und berief Männer, denen es vertraute, und die Männer traten zusammen und sagten, ein König sei ein Mensch wie ein anderer auch, er sei nur der erste Diener im Staat, er müsse sich vor dem Volk verantworten, und wenn er sein Amt schlecht verwalte, könne er zur Strafe gezogen werden. Dann erklärten sie die Rechte des Menschen: ›Keiner erbt vor dem andern mit der Geburt ein Recht vor dem andern. Die höchste Gewalt ist in dem Willen aller oder der Mehrzahl. Dieser Wille ist das Gesetz, er tut sich kund durch die Landstände oder die Vertreter des Volks, sie werden von allen gewählt, und jeder kann gewählt werden; diese Gewählten sprechen den Willen ihrer Wähler aus, und so entspricht der Wille der Mehrzahl unter ihnen dem Willen der Mehrzahl unter dem Volke; der König hat nur für die Ausübung der von ihnen erlassenen Gesetze zu sorgen.‹

Der König schwor, dieser Verfassung treu zu sein; er wurde aber meineidig an dem Volke, und das Volk richtete ihn, wie es einem Verräter geziemt … Da ratschlagten die Fürsten, wie sie dem Grimm des Volkes entgehen sollten, und die listigen unter ihnen sagten: Laßt uns einen Teil unserer Gewalt abgeben, dass wir das übrige behalten. Und sie traten vor das Volk und sprachen: Wir wollen euch die Freiheit schenken, um die ihr kämpfen wollt. Und zitternd vor Furcht warfen sie einige Brocken hin und sprachen von ihrer Gnade. Das Volk traute ihnen leider und legte sich zur Ruhe. – Und so ward Deutschland betrogen wie Frankreich. Denn was sind das für Verfassungen in Deutschland? Nichts als leeres Stroh, woraus die Fürsten für sich die Körner herausgeklopft haben …

Ihr dürft euern Nachbar verklagen, der euch eine Kartoffel stiehlt, aber klagt einmal über den Diebstahl,

Georg Büchner (1813-1837)

der von Staats wegen unter dem Namen der Abgabe und Steuern jeden Tag an eurem Eigentum begangen wird, damit eine Legion unnützer Beamten sich von eurem Schweiße mästen; klagt einmal, dass ihr der Willkür einiger Fettwänste überlassen seid und dass diese Willkür Gesetz heißt, klagt, dass ihr Ackergäule des Staates seid, klagt über eure verlorenen Menschenrechte: wo sind die Gerichtshöfe, die eure Klage annehmen, wo die Richter, die Recht sprächen? …

Der Boden unter euren Füßen, der Bissen zwischen den Zähnen ist besteuert. Dafür sitzen die Herren in Fräcken beisammen, und das Volk steht nackt und gebückt vor ihnen; sie legen die Hände an seine Lenden und Schultern und rechnen aus, wie viel es noch tragen kann, und wenn sie barmherzig sind, so geschieht es nur, wie man ein Vieh schont, das man nicht so sehr angreifen will …

Eure Söhne müssen den Tyrannen schwören und Wache halten an ihren Palästen. Mit ihren Trommeln übertäuben sie eure Seufzer, mit ihrem Kolben zerschmettern sie euch den Schädel, wenn ihr zu denken wagt, dass ihr freie Menschen seid. Sie sind die gesetzlichen Mörder, welche die gesetzlichen Räuber schützen …«

Es war eine geheime Botschaft, im Geheimen geschrieben, gedruckt und vertrieben, die jedoch nach dem Willen des Verfassers so viele wie möglich im Lande erreichen sollte. Ein paar Freunde Büchners, Studenten und Handwerksgesellen, waren bereit, sie unter Gefahr in Städten und Dörfern auszutragen. Ein Pfarrer namens Weidig, in Hessen bekannt und verfolgt als politischer Kopf und Propagandist, hatte einige aufrüttelnde Bibelzitate hinzugefügt, doch Büchners soziale Kampfansage gegen »die Reichen« mäßigend als die gegen »die Vornehmen« ersetzt. Bei einem geheimen Treffen der Verschwörer in der Ruine der Babenburg an der Lahn, war man sich einig im Zusammengehen mit liberalen und radikalen Demokraten geworden, die mit Weidig seit langem in Verbindung standen. Darunter waren Rechtsanwälte, Mediziner, Privatdozenten, Handwerksmeister, Buchhändler und auch ein Drucker, der dafür sorgte, dass die Flugschrift überhaupt im Geheimen gedruckt und unter die Leute gebracht werden konnte.

Georg Büchner hatte seit früher Jugend seine feste politische Gesinnung. Im hessischen Goddelau, nahe dem Rhein und Frankreich geboren, war er schon im Elternhaus mit fortschrittlichen Ideen vertraut geworden. Sein Vater hatte als Militärarzt unter der Trikolore mehrere Feldzüge miterlebt, sogar direkt bei der Garde Napoleons, als das Großherzogtum samt seiner Truppen noch Teil des Rheinbunds und der französischen Streitmacht war. 1812 kehrte der Vater ins Zivilleben zurück, wurde als tüchtiger Arzt nach Gießen, dann Darmstadt berufen und zum Medizinalrat ernannt. Von dort aus schickte er seinen Sohn Georg zum Studium ins französische Strassburg, das den jungen Mann fürs Leben prägte, wenn er auch nach zwei Jahren gemäß hessischer Staatsräson zurück in die Heimat musste.

Er studierte in Gießen weiter Medizin, blieb seinen Idealen treu und verfestigte sie noch: Atheismus, Materialismus und das politische Mitwirken in einer Zeit, die Tag für Tag die Unhaltbarkeit und Fragwürdigkeit der herrschender Zustände drastischer vor Augen führte und nach Veränderung schrie. Immer zwingender sah Büchner in dem »Verhältnis zwischen Armen und Reichen«, das entscheidende, wenn nicht einzige «revolutionäre Element«. Demzufolge erklärte er: »Man muss in sozialen Dingen von einem absoluten Rechtsgrundsatz ausgehen, die Bildung eines neuen geistigen Lebens im Volke suchen und die abgelebte moderne Gesellschaft zum Teufel gehen lassen.«

Spätestens seit Neujahr 1834 war Georg Büchner entschlossen, sich aktiv am immer mehr aufflammenden politischen Kampf seiner Heimat zu beteiligen. Es hatte bei Unruhen nicht nur in Hessen Tote, Verletzte und Hunderte Verhaftete gegeben. Darüber wurde im Lande gesprochen, und es empörte die Bauern und kleinen Leute, die das sonstige Gerede der Opposition von Verfassungsartikeln, Wiener Kongress, Pressefreiheit und irgendwelche Regierungsmaßnahmen wenig anging.

Nach Büchners Ansicht sollte man im Meinungsstreit nicht mit hochtönenden Versprechungen und Drohungen um sich werfen, sondern sachlich und mit nüchternen Zahlen vorrechnen, was und wofür die Gepeinigten an ihre Peiniger zu zahlen hätten – wie viele Hunderttausende Jahr für Jahr an den Hofstaat, das Militär, die Polizei und den ganzen kostspieligen Staatsapparat und somit für die Willkür zeitlebens und immerdar. Nur durch die Lösung der sozialen Frage im Interesse des Volkes hielt Büchner eine revolutionäre Umgestaltung für möglich.

Sowohl in Gießen wie auch in Darmstadt gründete er nach französischem Vorbild Sektionen der geheimen »Gesellschaft der Menschenrechte« zur Entmachtung der Aristokratie und Beseitigung des Massenelends.

»Friede den Hütten! Krieg den Palästen!« schrieb Büchner über seine Kampfschrift. Der umsichtig-vorsichtige Weidig setzte noch einen »Vorbericht« darüber, der lautete: »Dieses Blatt soll dem hessischen Lande die Wahrheit melden, aber wer die Wahrheit sagt, wird gehenkt, ja sogar der, welcher die Wahrheit liest, wird durch meineidige Richter vielleicht gestraft ...«

Nichts war übertrieben, kein Wort war zu viel gesagt, nur das Wörtchen: »vielleicht«.

Denn Verfolgung und Strafe folgten auf dem Fuß.

Büchner hatte selbst das von Weidig überarbeitete Manuskript in die Geheimdruckerei nach Offenbach gebracht, wo nach etwa vier Wochen der »Landbote« gedruckt und geheftet war. An einem der letzten Julitage machten sich der Gießener Student Carl Minnigerode, der Handwerksgeselle Zeuner und Friedrich Jakob Schütz, ein Burschenschaftler und Jurastudent, auf den Weg, um die Flugschrift abzuholen und unter die Leute zu bringen. Doch schon bei der Rückkehr nach Gießen wurde Minnigerode am Stadttor festgehalten und durchsucht. Man fand in seinen Kleidern und Taschen versteckt 150 Exemplare des »Landboten«, verhaftete ihn sofort und brachte ihn ins dortige Arresthaus. Ein gewisser Johann Conrad Kuhl, Jugendfreund Weidigs, nach zeitweiliger Trennung wieder mit dessen politischen Ansichten und Absichten vertraut, hatte einen schändlichen Pakt mit den großherzoglichen Behörden geschlossen und durch seine Verräterei für den ersten Schlag gegen die Büchnersche Botschaft und Aktion gesorgt.

Die Kunde von Minnigerodes Verhaftung verbreitete sich schnell, war er doch der Sohn des Hofgerichtspräsidenten, des höchsten Richters im Großherzogtum. Auch Büchner wurde sofort benachrichtigt und war entsetzt, weil nun allen Beteiligten im Lande Verfolgung und Kerkerhaft drohten. Noch in der Nacht machte er sich auf den Weg zu Weidig und Zeuner in Butzbach, weckte sie aus dem Schlaf, beriet sich mit ihnen und unternahm es selbst, auch die Geheimdruckerei in Offenbach und den Studenten Schütz zu warnen, der sich sofort zur Flucht in die Schweiz entschloß. Über Frankfurt, wo Büchner ebenfalls politische Freunde über die Gefährdung unterrichtete, kehrte Büchner nach Gießen zurück, wo man indessen seine Wohnung und alle seine Papiere durchstöbert hatte und auch eine richterliche Vorladung zum Verhör vorlag.

Der Hofgerichtsrat Georgi, zugleich Universitätsrichter, hatte selbst in Büchners Abwesenheit die Hausdurchsuchung vorgenommen, doch nichts Verdächtiges außer einigen Briefen von dessen Verlobter aus Strassburg vorgefunden, die in französischer Sprache geschrieben waren und schon deshalb Argwohn erregten und beschlagnahmt wurden. Dagegen protestierte Büchner und warf Georgi ein ungesetzliches Vorgehen vor, da zunächst keine ernstlichen Beweise seiner Tätigkeit und führenden Rolle in der »Gesellschaft der Menschenrechte« und bei der Flugschrift-Aktion vorlagen. Erst viel später wurde bekannt, dass der Denunziant Kuhl den großherzoglichen Behörden zunächst nur allgemeine Informationen über die Geheimgesellschaft und den »Landboten« gegeben hatte, dann einige der Beteiligten und ihrer Treffpunkte nannte, die er sich Name für Name und Treffpunkt für Treffpunkt mit immer höheren Summen bezahlen ließ. Den Namen Georg Büchner hob er sich bis zuletzt für den allerhöchsten Verräterlohn auf.

Büchner war sich darüber im Klaren, dass man nicht locker ließ und ihm auf der Spur blieb. Dennoch wollte er nicht aufgeben und soviel wie möglich von der Botschaft unter das hessische Landvolk bringen und seine Gefährten vor den Gefahren der Verfolgung warnen und schützen, so gut es ging. Es wurden zwar noch Hunderte der Flugschriften in den Städten und Dörfern verteilt, sogar eine zweite Auflage kam in

Druck – jedoch das Echo war nicht wie erwartet. Es bescherte »den Hütten«, wo der »Landbote« noch die meiste Aufmerksamkeit fand, keinen Frieden und »den Palästen« nur den Anlass zu weiterer Willkür und Gewalt gegen das Volk.

Von seinem Vater wurde Georg Büchner angewiesen, schleunigst das gefährliche Giessener Pflaster zu verlassen und sich in Darmstadt auf sein Studium und die Vorbereitung des Examens zu konzentrieren. Unter den Augen der Eltern und noch dazu in der Abgeschiedenheit des väterlichen Laboratoriums sollte er sich von allem Politischen strikt fernhalten. Trotzdem erreichten ihn mehrfach richterliche Anfragen, auch Nachrichten über die Verfolgung, Verhaftung und grausige Peinigung seiner Freunde und Mitverschworenen, von denen nur wenige rechtzeitig flüchten oder sich verbergen konnten. Von dem Gedanken und der Vorstellung des Horrors, den Minnigerode und andere im Arresthaus zu erleiden hatten, kam er nicht los. Zeitweilig schob er alle seine medizinischen und anatomischen Studien beiseite, blieb gegenüber den Vorhaltungen und Ermahnungen des Vaters stumm und stumpf.

Schließlich begann er auf dem Laboratoriumstisch das Revolutionsdrama »Dantons Tod« zu schreiben. Nur wenn der Vater oder jemand sonst sich ihm näherten, hielt er inne und deckte andere Papiere über das Manuskript. War er wieder allein, ließ er zuweilen seinen Danton Sätze sagen, die ihn selbst erschreckten: »Die Statue der Freiheit ist noch nicht gegossen, der Ofen glüht, wir alle können uns noch die Finger dabei verbrennen.« Oder Danton zum Henker: »Willst du grausamer sein als der Tod? Kannst du verhindern, dass unsere Köpfe sich auf dem Boden des Korbes küssen?«

Noch einmal schlich er sich nachts zu einem Gartenhaus am Stadtrand von Darmstadt, wo die letzten heimlichen Zusammenkünfte mit den verwegensten Verschwörern stattfanden. Man beriet, wie man Minnigerode, der immer schlimmeren Quälereien in der Gefangenschaft ausgesetzt war, befreien konnte. Doch da die Verfolgungshysterie andauerte und auch engste Freunde erneut vom Untersuchungsrichter vorgeladen und der Aufwiegelei und des Hochverrats beschuldigt wurden, kam es zu keinen weiteren Treffs und Aktionen mehr.

Nach erneuten Verhaftungen und der richterlichen Vorladung Büchners direkt ins Darmstädter Arresthaus, sah er kaum noch einen anderen Ausweg als die Flucht. »Es wäre mein Tod, wenn ich in Gefangenschaft geriete«, soll er seinem zwei Jahre jüngeren Bruder Wilhelm gesagt haben, der als einziger aus der Familie in alles eingeweiht war, ihn umsorgte und durch eine ans Wohnhaus gelehnte Leiter das Entkommen notfalls sichern sollte.

Vergebens versuchte Büchner von Verwandten in Strassburg, die nicht unvermögend waren, Geld für die Flucht über die Grenze zu bekommen. Doch man wollte nicht in familiäre oder politische Konflikte verwickelt werden, zu viele Gerüchte, Verdächtigungen und schaurige Revoluzzergeschichten kursierten indessen. Noch schrieb Büchner weiter an »Dantons Tod«, auch das vertraute er zunächst nur dem Bruder an: »Ich schreibe im Fieber, aber das schadet dem Werk nicht – im Gegenteil! Übrigens habe ich keine Wahl, ich kann mir keine Ruhe gönnen, bis ich nicht den

Danton unter der Guillotine habe, und obendrein brauche ich Geld, Geld!«

Sorgen und Ängste peinigten ihn, die Gedanken an die Freunde, die der Richter Georgi elend zurichtete, ein Säufer, der sich immer wieder zu wüsten Anklagen gegen das Halbdutzent junger Leute aufschwang und ihnen Tod und Verderben an den Hals wünschte, auch mal direkt an den Hals ging. Es war zu befürchten, Minnigerode könne die Quälereien nicht mehr aushalten, er sei wahnsinnig geworden, sei tot – wurde erzählt und widerrufen.

»Minnigerode ist in flagranti crimine ertappt worden«, versicherte Büchner der Familie. »Man betrachtet ihn als den Weg, der zur Entdeckung aller bisherigen revolutionären Umtriebe führen soll, man sucht ihm um jeden Preis sein Geheimnis zu entreißen; wie sollte eine schwache Konstitution der langsamen Folter, auf die man ihn spannt, widerstehen können?« Dennoch holte Büchner die Manuskriptblätter seines »Danton« wieder hervor, die unter anderen Blättern versteckt waren und schrieb weiter daran – vier, fünf Wochen und dann keinen halben Tag mehr.

Er packte das Manuskript zusammen, adressierte es an den Verleger Sauerländer und fügte auch einen Hilferuf an den Dichter und Kritiker Karl Gutzkow hinzu: »Und Sie werden sich also nicht wundern, wie ich Ihre Tür aufreiße, in Ihr Zimmer trete, Ihnen ein Manuskript auf die Brust setze und ein Almosen abfordere. Ich bitte Sie nämlich, das Manuskript so schnell wie möglich zu durchlesen, es, im Falle Ihnen Ihr Gewissen als Kritiker dies erlauben sollte, dem Herrn Sauerländer zu empfehlen und sogleich zu antworten.«

Gutzkow begriff, dass hier rasches Handeln erforderlich war. Zugleich erkannte er den erstaunlichen »Genius« dieses jungen, ihm bis dahin völlig fremden Dichters, der trotz der erkennbaren Hast und Bedrängnis mit dem »Danton«-Drama »seine außerordentliche Begabung« bewiesen habe.

Ohne zu zögern setzte er sich bei dem Verleger für ihn ein, bekam auch eine Zusage für eine rasche Veröffentlichung und Honorarzahlung, verständigte Büchner sofort. Aber das Hin und Her währte trotzdem zu lange – ein paar Stunden oder Tage zu viel.

Ein letzter verzweifelter Rettungsversuch scheiterte, als der Bruder Wilhelm an Georgs Stelle auf die richterliche Vorladung hin im Arresthaus erschien, doch nicht einmal in Erfahrung bringen konnte, ob man ein Verhör oder ernstlich die Verhaftung Georgs vorhabe. Man kannte die Büchners zu genau, und der jüngere Bruder brachte es nicht fertig zu lügen oder gar die Unterschrift zu fälschen, so dass er nicht einmal erfuhr, ob man ernstlich ein Verhör oder Georgs Verhaftung vorhabe. Nur dass der mit härtester Bestrafung zu rechnen habe, wenn er nicht schnellstens im Arresthaus erscheine, stellte man unmissverständlich klar.

Das bedeutete höchsten Alarm für Georg Büchner – für die Flucht gab es keinen Aufschub mehr. In der Not entdeckte er sich seiner Mutter, und die gab ihm so viel Geld, wie sie nur beibringen konnte. Der Vater erfuhr nichts davon, auf dessen Hilfe und Verständnis durfte er nicht mehr zählen.

Schon am nächsten Morgen, am 1. März 1835, zu sehr früher Stunde, saß er in einer Reisekutsche, die durch das Darmstädter Stadttor und nach einem täuschenden Umweg zur französischen Grenze und weiter nach Strassburg fuhr.

Mit dem polizeilichen Steckbrief, der ihn wie einen flüchtigen Verbrecher noch über das Großherzogtum hinaus brandmarkte, ließ man sich gut ein Vierteljahr Zeit. Doch es blieb bei den hysterischen Anklagen und Beschuldigungen, eher verschärften sie sich noch.

DER STECKBRIEF

Der hierunter signalisierte Georg Büchner, Student der Medizin aus Darmstadt, hat sich der gerichtlichen Untersuchung seiner indizierten Teilnahme an staatsverräterischen Handlungen durch die Entfernung aus dem Vaterlande entzogen. Man ersucht deshalb die Behörden des In- und Auslandes, denselben im Betretungsfalle festzunehmen und wohlverwahrt an die unterzeichnete Stelle abliefern zu lassen.

Darmstadt, den 13. Juni 1835.

Der von Großh. Hess. Hofgericht der Provinz Oberhessen

Bestellte Untersuchungsrichter,
Hofgerichtsrat Georgi

Als damit nichts erreicht wurde, unternahm man von Behörde zu Behörde weitere Versuche, seiner habhaft zu werden, so dass ihm als geduldetem Flüchtling ohne Paß und Papiere die Ausweisung aus Frankreich oder gar Verschleppung drohten. Noch dazu stand er nahezu mittellos da und konnte sich gegenüber Vertrauten nur mit Bitterkeit auf angeblichen »Leichtsinn« und »unbegrenztes Gottvertrauen« berufen. »Ich muss eine Zeitlang vom lieben Kredit leben und sehen, wie ich mir in den nächsten sechs bis acht

Wochen Rock und Hosen aus meinen großen weißen Papierbogen, die ich vollschmieren soll, schneidern werde«, schrieb er aus Strassburg an einen Freund.

Es wurden 20 Monate, die Büchner im französischen Exil lebte – ein Aufatmen, kein Ausruhen, nur ein momentaner, kein wirklicher Abstand von Philosophie, Politik, Weltveränderung und allem, was von ihm in jungen Jahren je gedacht, gesagt, geschrieben und getan worden war. Statt aus seinen »großen weißen Papierbogen« nun »Rock und Hosen« zu schneidern, brachte er es in einem rasanten Schaffenseifer fertig, sie auf seine Weise »vollzuschmieren« – mit dem Lustspiel »Leonce und Lena«, der »Lenz«-Novelle, dem »Woyzeck«-Drama, allesamt Meisterwerke, heute der Weltliteratur zugehörig. Zudem übersetzte er zwei Theaterstücke von Viktor Hugo »Maria Tudor« und »Lukrezia Borgia« und schrieb seine Doktorarbeit »Uber das Nervensystem der Barbe«.

Nicht einmal ein halbes Jahr blieb Georg Büchner noch Zeit zu leben, nachdem er Mitte Oktober 1836 nach Zürich übergesiedelt war und von der dortigen Universität die Doktorwürde und einen Lehrauftrag erhalten hatte. Am 2. Februar 1837 erkrankte er an Thyphus, am 19. Februar starb er.

Nur das Erscheinen seines »Danton«-Dramas durch Gutzkows Vermittlung hatte Büchner noch erlebt. Im Jahr nach seinem Tod erschien sein Lustspiel »Leonce und Lena« in Gutzkows Zeitschrift *Telegraph*, dort auch ein weiteres Jahr später die »Lenz«-Novelle. Erst nach einem Halbjahrhundert wurde das »Woyzeck«-Fragment bekannt, es kam indessen auf unzählige Bühnen rund um die Welt und wurde mehrmals verfilmt. Seine Tagebücher soll seine Verlobte vernichtet haben, auch anderes aus seinem Nachlass, was sie lebenslang bestritt.

Noch immer sucht und fragt man nach dem Drama »Pietro Aretino«, das in Briefen erwähnt wird, von dem jedoch bis heute nicht ein einziges Manuskriptblatt gefunden worden ist.

IV. Pariser Salon und Barrikaden

Meine Bekanntschaft mit Heinrich Heine rührt wie die mit anderen aufmüpfigen Geistesgrößen von meiner Schulzeit her, doch zumeist erst nach Kriegsende und dem Untergang des Nazireichs. Eher konnte ich von Heine so gut wie nichts lesen, war er doch bis dahin eine Unperson in Deutschland. Nur sein »Loreley«-Gedicht fand sich im einstigen Schullesebuch, darunter stand infamerweise statt seines Namens »Verfasser unbekannt«.

Nach dem Schul-Neubeginn war unser Deutschlehrer ein Neulehrer, ein aus Krieg und Gefangenschaft heimgekehrter junger Mann, der erstaunlich viel von solchen einst verbotenen Dichtern und Denkern mitzuteilen wusste. Es mag im Frühling, Herbst oder Winter 1946 gewesen sein, da drückte er mir ein Heft vom neuen Volk-und-Wissen-Verlag mit Heines »Harzreise« in die Hand und forderte mich auf, es möglichst bald zu lesen und dann vor der Klasse meine Meinung dazu zu sagen. Ich las es sofort am selben Abend bis in die späte Nacht hinein. Mich hatte noch nie irgendetwas, was man uns in der Schule zu tun oder zu lesen gab, so gefesselt und froh und vergnüglich gestimmt, wie diese Geschichte von einer Wanderschaft durch Stadt, Land und ins Gebirge, das so nah und doch für mich einstweilen in unerreichbarer Ferne lag.

Am wunderlichsten fand ich, was der Wanderer beim Aufstieg zum Brockengipfel über die »wunderlichen Gruppen der Granitblöcke« erzählte, die hinter den immer kleiner werdenden, schier zusammengeschrumpften Heidelbeer- und Rotbeersträuchern sichtbar wurden. »Das mögen wohl die Spielbälle sein, die sich die bösen Geister einander zuwerfen in der Walpurgisnacht, wenn hier die Hexen auf Besenstielen und Mistgabeln einhergeritten kommen, und die abenteuerlich verruchte Lust beginnt«, fabulierte er und nannte auch gleich den Doktor Faust und Doktor Goethe beim Namen, der für mich dank unseres wackeren Neulehrers wie nun dieser Doktor Heine kein »Verfasser unbekannt« mehr war. Selbst »Mephisto« wurde in ganz irdischer Leibhaftigkeit herbeizitiert: »Mir war immer, als ob der Pferdefuß neben mir hinaufklettere und jemand humoristisch Atem schöpfe. Und ich glaube, auch Mephisto muss mit Mühe Atem holen, wenn er seinen Lieblingsberg ersteigt; es ist ein äußerst erschöpfender Weg ...«

Dennoch munter und schon fast auswendig gelernt, konnte ich am nächsten Tag dem Lehrer und meiner Klasse das Schönste aus diesem Gipfelkunststück mit dem Gipfelblick vortragen, wo das Auge so weit und zudringlich übers Land schaute, dass es damals wie heute unsere seltenen Freuden und andauernden deutschen Sorgen und Ängste ereichte: »Ja, in hohem Grade wunderbar erscheint uns alles beim ersten Hinabschauen vom Brocken, alle Seiten unseres Geistes empfangen neue Eindrücke, und diese, meistens verschiedenartig, sogar sich widersprechend, verbinden sich in unserer Seele zu einem großen, noch unverworrenen, unverstandenen Gefühl. Gelingt es uns, dieses Gefühl in seinen Begriffen zu erfassen, so erkennen wir den Charakter des Berges. Dieser Charakter ist ganz deutsch, sowohl in Hinsicht seiner Fehler, als auch seiner Vorzüge. Der Brocken ist ein Deutscher. Mit dieser Gründlichkeit zeigt er uns klar und deutlich, wie ein Riesenpanorama, die vielen hundert Städte, Städtchen und Dörfer, die meistens nördlich liegen, und ringsum alle Berge, Wälder, Flüsse, Flächen, unendlich weit … Der Berg hat auch so etwas Deutschruhiges, Verständiges, Tolerantes; eben weil er die Dinge so weit und klar überschauen kann. Und wenn solch ein Berg seine Riesenaugen öffnet, mag er wohl noch etwas mehr sehen, als wir Zwerge, die wir mit unsern blöden Äuglein auf ihm herumklettern.«

Ein Zwerg war Heine wohl nicht und erst recht nie mit blöden Äuglein begabt. »Im Grunde bin ich sanft wie ein Lamm«, hatte er später zu diesen Reisebildern geschrieben, als sie mehr in Frankreich als in Deutschland zu großer Popularität gelangten. »Beruhigt euch also und reicht mir die Hand. Ihr könnt meine Waffen anrühren, selbst den Köcher und die Pfeile, denn ich habe die Spitzen stumpf gemacht, wie es unter uns Wilden der Brauch ist, wenn wir uns einem geweihten Ort nähern.«

Er war wirklich zu Fuß von Göttingen aus durch den Harz und viele Städtchen und Dörfer zu dem von ihm fast heilig gesprochenen Brocken gewandert. »Damals hatte in Deutschland der politische Druck alles mundtot gemacht; die Geister waren in eine Verzweiflungslethargie verfallen, und der Mann, der in jener Zeit noch zu sprechen wagte, musste sich umso leidenschaftlicher aussprechen, je mehr er am Sieg der Freiheit verzweifelte und je hemmungsloser die Partei des Pfaffentums und der Aristokratie gegen ihn wütete.« Und er verstand da wie wir unter dem Wort

Heinrich Heine (1797-1856)

Aristokratie schon nicht mehr bloß den Geburtsadel, sondern alle diejenigen, »die auf Kosten des Volkes leben«. Womit jegliche Gipfelstürmerei und erst recht der beschwerliche Marsch durch die Ebene ihren guten Zweck und ihr Ziel hatten: »Die schöne Formel«, von der er meinte, sie führe weit über die Vorrechte der Geburt hinaus: »Schluss mit der Ausbeutung des Menschen durch den Menschen«.

Die »Harzreise« hatte Heinrich Heine kurz nach seiner Fußwanderung 1824 in knapp vier Wochen geschrieben, viel änderte er von sich aus nicht an späteren Fassungen. Es war vereinbart, schon im nächsten Frühjahr die Reiseschilderung in einem Berliner Almanach drucken zu lassen, was sich jedoch um noch ein Jahr verzögerte. Außerdem verlangte man zu Heines Ärger zahlreiche verharmlosende Veränderungen, weil der Almanach als Zeitschrift galt und deshalb der preußischen Zensur unterlag. Als Ausweg, um einigermaßen ungeschoren davonzukommen, gab er die »Harzreise« – sein frühes Lieblingsstück – mit anderen »Reisebildern« zusammen in einem Band von mehr als 20 Bogen (320 Seiten) heraus, der dann zumindest offiziell zensurfrei blieb. Doch angefeindet blieb er weiter, vor allem in Preußen, und die Zensur in ganz Deutschland wurde eher garstiger als milder, wie er meinte, und strich ihm gerade die spaßigsten und ernstesten Dinge weg.

Da war schon der Juli des französischen Revolutionsjahres 1830 heran, der Heines Leben und Schaffen neue Impulse und die entscheidende Wendung gab. Es war der letzte Anstoß zu seiner größten und schließlich lebenslänglichen Reise, die damit begann, dass in Helgoland, wo er sich damals befand, ein »dickes Zeitungspaket mit den warmen, glühend heißen Neuigkeiten« aus Paris eintraf. »Es waren Sonnenstrahlen, eingewickelt in Druckpapier, und sie entflammten meine Seele, bis zum wildesten Brand«, jubilierte er. »Mir war, als könnte ich den ganzen Ozean bis zum Nordpol anzünden mit den Gluten der Begeisterung und der tollen Freude, die in mir loderten. Jetzt weiß ich auch, warum die ganze See nach Kuchen roch. Der Seine-Fluss hatte die Nachricht unmittelbar ins Meer verbreitet … Ich lief wie wahnsinnig im Hause herum und küsste zuerst die dicke Wirtin, und dann ihren freundlichen Seewolf, auch umarmte ich den preußischen Justizkommissarius, um dessen Lippen freilich das frostige Lächeln des Unglaubens nicht ganz verschwand ... Der Fischer, welcher mich gestern nach der kleinen Sandinsel, wo man badet, hinüberfuhr, lachte mich an mit den Worten: ›Die armen Leute haben gesiegt!‹«

Begeistert schreibt er am 10. August 1830 in sein Helgoländer Tagebuch: »Lafayette, die dreifarbige Fahne, die Marseillaise ... Fort ist meine Sehnsucht nach Ruhe. Ich weiß jetzt wieder, was ich will, was ich soll, was ich muss ... Ich bin der Sohn der Revolution und greife wieder zu den gefeierten Waffen, worüber meine Mutter ihren Zaubersegen ausgesprochen ... Blumen! Blumen! Ich will mein Haupt bekränzen zum Todeskampf. Und auch die Leier, damit ich ein Schlachtlied singe ... Worte gleich flammenden Sternen, die aus der Höhe herabschießen und die Paläste verbrennen und die Hütten erleuchten ...«

Im Jahr darauf reist er nach Frankreich, am 19. Mai 1831 trifft er in Paris ein. »Fragt Sie jemand, wie ich mich befinde, so sagen Sie: Wie ein Fisch im Wasser«, witzelte er zuerst. Doch schon wenig später, in einer seiner ersten dortigen Veröffentlichungen, legt er ein anderes, nun »wehmütiges Geständnis« ab: »Wir sind nicht die Herren, sondern die Diener des Wortes ... Es war nicht eitel Lust meines Herzens, dass ich alles verließ, was mir Teures im Vaterland blühte und lächelte – mancher liebte mich dort, z. B. meine Mutter – aber ich ging, ohne zu wissen warum; ich ging, weil ich musste. Nachher ward mir sehr müde zu Mute; so lange vor den Juliustagen hatte ich das Prophetenamt getrieben, dass das innere Feuer mich schier verzehrt, dass mein Herz von den gewaltigen Worten, die daraus hervorgebrochen, so matt geworden, wie der Leib einer Gebärerin.- Ich dachte – habt meiner nicht mehr nötig, will auch einmal für mich selber leben, und schöne Gedichte schreiben, Komödien und Novellen, zärtliche und heitere Gedankenspiele, die sich in meinem Hirnkasten angesammelt, und will mich wieder ruhig zurückschleichen in das Land der Poesie, wo ich als Knabe so glücklich gelebt.«

Aber auch diese Prophetie erfüllte sich nicht, denn ein solches Zurück oder gar Zurückgezogenheit gab es für ihn nicht in seiner Traumstadt Paris. Wie kein anderer deutscher Dichter war er dort freudig von den Literaten in ihren Kreis aufgenommen worden. Man kannte und verehrte den Autor der »Reisebilder« und des »Buches der Lieder«.

Gleich im Juni 1832 war als erste französische Übersetzung die allseits bewunderte »Harzreise« in der *Revue des deux mondes* erschienen. Victor Hugo, Balzac, Dumas und Eugene Sue verkehrten mit ihm, und George Sand, in deren besonderer Gunst er stand, nannte ihn ihren »Cousin«. Bis in unsere Gegenwart hinein ist wohl kein anderer deutscher Schriftsteller in Frankreich so populär und beliebt wie Heine. Er hat es diesem Lande und seinen Lesern gedankt, mindestens ebenso viele bedeutende Werke schrieb er »De la France« wie »De l'Allemagne«, veröffentlicht jeweils französisch wie deutsch, die deutschen Ausgaben meist arg zensiert und verstümmelt.

Gegen Ende 1843 reiste er nach mehr als zwölfjähriger Abwesenheit zu Besuch heim nach Deutschland, zuerst nach Hamburg, um seine Mutter und Schwester wiederzusehen, doch auch seinen Onkel und den Verleger Campe aus familiären und geschäftlichen Gründen. Aber das Wichtigste war wohl für ihn, dass er sich nach langer Abwesenheit in dem Lande umsehen wollte, von dem er immer noch sagte: »Beruhigt Euch, ich liebe das Vaterland ebenso sehr, wie ihr.« Und gleich die ersten Verse seines grandiosen Poems »Deutschland. Ein Wintermärchen«, das er nach der Reise in wenigen Wochen und Monaten schrieb, sprechen von nichts anderem:

Im traurigen Monat November wars,
Die Tage wurden trüber,
Der Wind riss von den Bäumen das Laub,
Da reist ich nach Deutschland hinüber.

Und als ich an die Grenze kam,
Da fühlt ich ein stärkeres Klopfen
In meiner Brust, ich glaube sogar
Die Augen begunnen zu tropfen.

Und als ich die deutsche Sprache vernahm,
Da ward mir seltsam zu Mute;
Ich meinte nicht anders, als ob das Herz
Recht angenehm verblute.

Heine sah aber auch das »irdische Jammertal«, das geblieben war, wie es war. »Deutschland ist von neuem eingeschlafen, und die allgemeine Lethargie, die Stagnation, die vor der Februarrevolution jenseits des Rheins herrschte«, dauere an und gehöre genauso in sein »politisch-romantisches Gedicht«, schrieb er Campe. Er wusste sehr wohl, dass sein Poem etwas gänzlich Neues war, »ein neues Genre, versifizierte Reisebilder, die eine höhere Politik atmen als die bekannten politischen Stänkerreime«. Es spreche nicht mehr und nicht weniger aus als »die ganze Gärung unserer deutschen Gegenwart in der kecksten, persönlichsten Weise«. Und er schrieb wahrlich noch für uns Heutige: »Ein neues Lied …«

Ein neues Lied, ein besseres Lied,
O Freunde, will ich für Euch dichten!
Wir wollen hier auf Erden schon
Das Himmelreich errichten.

Wir wollen auf Erden glücklich sein,
Und wollen nicht mehr darben;
Verschlemmen soll nicht der faule Bauch
Was fleißige Hände erwarben.

Es wächst hienieden Brot genug
Für alle Menschenkinder,
Auch Rosen und Myrten, Schönheit und Lust,
Und Zuckererbsen nicht minder.

Ja, Zuckererbsen für jedermann,
Sobald die Schoten platzen!
Den Himmel überlassen wir
Den Engeln und den Spatzen.

Einen derart souveränen und überzeugenden Ton hatten bis dahin die deutschen Dichter wohl nie bei solchen Themen angeschlagen. Heine erklärte offenherzig, dass Paris, »die freie Luft des Ortes«, wo er dieses Gedicht geschrieben habe, in manche seiner Strophen schärfer hineingeweht sei, als ihm lieb gewesen. Er milderte und strich, »was mit dem deutschen Klima unverträglich schien«.

Aber als er das Manuskript schließlich seinem Verleger nach Hamburg schickte, wurden ihm noch weitere »mannigfache Bedenklichkeiten« zugemutet, so dass er sich abermals dem »fatalen Geschäfte des Umarbeitens« unterziehen und die »ernsten Töne mehr als nötig« abdämpfen musste. Trotzdem sah er wegen seiner direkten politischen Attacken einen Entrüstungssturm voraus. »Da das Opus nicht bloß radikal, revolutionär, sondern auch antinazional ist, so habe ich die ganze Presse natürlich gegen mich.«

Und so kam es dann auch in Preußen zu erneuerten Steckbriefen gegen den Dichter und einem Antrag zum Verbot der gesamten »Neuen Gedichte«, vor allem wegen des Poems »Deutschland. Ein Wintermärchen«.

Seit 1844 lebte auch Karl Marx in Paris, der in unmittelbaren Kontakt zu den französischen Arbeiterorganisationen wie zu den linksradikalen deutschen Emigranten stand. Dazu gehörten die Führer des »Bundes der Gerechten« und von Vereinigungen ausgewanderter Handwerker, die sich dem Proletariat zugehörig zählten. In Marx' Wohnung verkehrten die Dichter Georg Herwegh und der russische Revolutionär Bakunin und viele französische Politiker und Literaten.

Eine besonders enge Freundschaft verband Marx mit Heinrich Heine, die sich zeitweilig täglich trafen. Heine brachte neue Gedichte, las sie Marx und seiner Frau Jenny vor, oft debattierten und stritten sie stundenlang darüber. Gerade in dieser Zeit entstanden Dichtungen Heines mit stärkeren sozialen Motiven wie »Die schlesischen Weber« und eben auch »Deutschland. Ein Wintermärchen«.

Die Korrekturfahnen von diesem Poem erhielt Marx sogar noch vor dem Erscheinen der Buchausgabe, damit Auszüge davon in der Arbeiterzeitung *Vorwärts* abgedruckt werden konnten. Schließlich gesellte sich Heine noch dem honorigen Mitarbeiterkreis von Marx und Ruges *Deutsch-Französischen Jahrbüchern* hinzu, dem außerdem noch Herwegh, Feuerbach, Bakunin angehörten. Nicht zuletzt wegen einiger scharfzüngiger Beiträge des »Wintermärchen«-Dichters gab es wiederum einen Entrüstungssturm in der Presse, sah man doch darin eine bedrohliche »Apotheose des Proletariats aller Nationen« und »eine tüchtige Faust«.

Die preußische Regierung war sogleich von ihrem Botschafter in Paris über die »gefährlichen« Schriften informiert worden, verbot die Einfuhr und verfügte die Festnahme von Marx, Ruge, Heine wegen des Tatbestands des versuchten Hochverrats und der Majestätsbeleidigung, sollten sie es wagen, nach Preußen einzureisen. Rigoros wurden die *Jahrbücher* an der Grenze beschlagnahmt. Nicht nur Hunderte, sondern mehr als tausend Exemplare sollen es gewesen sein, die man den Reisenden aus den Taschen zog – womit dann auch das Schicksal des nur einmal erschienenen *Jahrbuchs* besiegelt und erledigt war. Aber nicht das von Marx und Heine …

In dem Bekenntnisbuch »Lutetia« – was Paris und nichts als Paris heißt – findet sich eine linksradikale Parabel von Heinrich Heine, die in unserer Zeit wahrlich allen Nachdenkens wert ist:

»Hätte ich zur Zeit des Kaisers Nero in Rom privatisiert und etwa für die Oberpostamtszeitung von Böotien oder für die unoffizielle Staatszeitung von Abdera die Korrespondenz besorgt, so würden meine Kollegen nicht selten darüber gescherzt haben, dass ich z. B. von den Staatsintrigen der Kaiserin-Mutter gar nichts zu berichten wisse, dass ich nicht einmal von den glänzenden Diners rede, womit der judäische König Agrippa das diplomatische Korps zu Rom jeden Samstag regaliere, und dass ich hingegen beständig von jenen Galiläern spräche, von jenem obskuren Häuflein, das, meistens aus Sklaven und alten Weibern bestehend, in Kämpfen und Visionen sein blödsinniges Leben verträume und sogar von den Juden desavouiert werde.

Meine wohlunterrichteten Kollegen hätten gewiss ganz besonders ironisch gegen mich gelächelt, wenn ich vielleicht von dem Hoffeste des Cäsars, wobei Se. Majestät Höchstselbst die Guitarre spielte, nichts Wichtigeres zu berichten wusste, als dass einige jener Galiläer die Gärten des goldenen Palastes erleuchteten. Es war in der Tat ein grausamer, echt römischer Witz, dass die sogenannten Obskuranten als Lichter dienen mussten bei der Feier der antiken Lebenslust. Aber dieser Witz ist zuschanden geworden, jene Menschenfackeln streuten Funken umher, wodurch die alte Römerwelt mit all ihrer morschen Herrlichkeit in Flammen aufging: die Zahl jenes obskuren Häufleins ward Legion, im Kampf mit ihr mussten die Legionen Cäsars die Waffen strecken, und das ganze Reich, die Herrschaft zu Wasser und zu Lande gehört jetzt den Galiläern.

… Ich habe nur durch ein Beispiel zeigen wollen, in welcher siegreichen Weise eine spätere Zukunft jene Verneigung rechtfertigen dürfte, worin ich in meinen Berichten von einer kleinen Gemeinde gesprochen, die, der Ecclesia pressa des ersten Jahrhunderts sehr ähnlich, in der Gegenwart verachtet und verfolgt wird, und doch eine Propaganda auf den Beinen hat, deren Glaubenseifer und düsterer Zerstörungswille ebenfalls an galiläische Anfänge erinnert. Ich spreche wieder von den Kommunisten, der einzigen Partei in Frankreich, die eine entschlossene Beachtung verdient.

Ich würde für die Trümmer des Saint-Simonismus, dessen Bekenner, unter seltsamen Aushängeschildern, noch immer am Leben sind, sowie auch für die Fourieristen, die noch frisch und rührig wirken, dieselbe Aufmerksamkeit in Anspruch nehmen; aber diese ehrenwerten Männer bewegt doch nur das Wort, die soziale Frage als Frage, der überlieferte Begriff, und sie werden nicht getrieben von dämonischer Notwendigkeit, sie sind nicht die prädestinierten Knechte, womit der höchste Weltwille seine ungeheuren Beschlüsse durchsetzt. Früher oder später wird die zerstreute Familie Saint Simons und der ganze Generalstab der Fourieristen zu dem wachsenden Heere des Kommunismus übergehen, und, dem rohen Bedürfnisse das gestaltende Wort leihend, gleichsam die Rolle der Kirchenväter übernehmen.«

Ende März 1855 – ein Jahr vor seinem Tod – bekräftigte Heine im Vorwort der französischen »Lutetia«-Ausgabe – seinem POLITISCHEN TESTAMENT – noch einmal seine linksradikalen Ansichten, und fügte dem folgende Einschränkungen, Befürchtungen und damit verbundene Gewissenskonflikte hinzu: »Dieses Bekenntnis, dass die Zukunft den Kommunisten gehöre, machte ich im Ton der Besorgnis und äußersten Furcht, und – ach! – das war keinesfalls Verstellung! Wahrhaftig nur mit Schauder und

Schrecken denke ich an die Zeit, da diese Bilderstürmer zur Herrschaft gelangen werden; mit ihren schwieligen Händen werden sie erbarmungslos alle Marmorstatuen der Schönheit zerbrechen, die meinem Herzen so teuer sind; sie werden alle jene Spielereien und phantastischen Nichtigkeiten der Kunst zerschmettern, die der Dichter so liebte; sie werden meine Lorbeerhaine zerstören und dort Kartoffeln pflanzen; die Lilien, die weder spannen noch arbeiteten und doch ebenso herrlich gekleidet waren wie der König Salomon in seiner Pracht, sie werden ausgerissen aus dem Boden der Gesellschaft, es sei denn, sie nehmen die Spindel zur Hand; die Rosen, jene müßigen Bräute der Nachtigallen, wird das gleiche Geschick treffen; die Nachtigallen, diese unnützen Sänger, werden vertrieben werden, und – ach!

Mein Buch der Lieder wird dem Kolonialwarenhändler dazu dienen, Tüten zu drehen, in die er den alten Frauen der Zukunft Kaffee oder Schnupftabak schütten wird. Ach! Ich sehe all das voraus und bin von einer unaussprechlichen Traurigkeit ergriffen, wenn ich an den Ruin denke, mit dem das siegreiche Proletariat meine Verse bedroht, die mit der ganzen alten romantischen Welt zugrunde gehen werden. Und dennoch, ich bekenne es mit Freimut, übt dieser Kommunismus auf meine Seele einen Reiz aus, dem ich mich nicht entziehen kann …

Möge die Gerechtigkeit ihren Lauf nehmen! Möge sie in Stücke gehen, diese alte Welt, wo die Unschuld zugrunde ging, wo die Selbstsucht gedieh, wo der Mensch vom Menschen ausgebeutet wurde! Mögen sie von Grund aus zerstört werden, diese übertünchten Grabstätten, in denen die Lüge und die Verderbnis herrschten! Und gesegnet sei der Kolonialwarenhändler, der einst aus meinen Gedichten Tüten drehen wird, um Kaffee oder Tabak für die armen, guten, alten Weiber hineinzuschütten, die sich vielleicht in unserer jetzigen Welt der Ungerechtigkeiten eine solche Annehmlichkeit hätten versagen müssen – fiat justitia, pereat mundus!«

V. Verboten und verbrannt 1933

Seit Marx und Engels vor mehr als 150 Jahren das »Kommunistische Manifest« verfasst hatten, das in Europa und bald weltweit als »Gespensterglaube« gefürchtet und verächtlich gemacht wurde, jagte ein drakonisches Verdikt das andere. Unzählige Verbote, Verhaftungen und Verurteilungen erfolgten allein gegen Intellektuelle und Schriftsteller wegen ihrer politischen Gesinnung oder nur, weil sie sich jemals mit Kommunisten, Sozialisten oder anderen Oppositionellen an einen Tisch gesetzt oder nach einem Buch gegriffen oder selbst etwas geschrieben hatten, das nicht frei von solchen Gedanken war.

Alles, was schließlich mit der Machtergreifung der Faschisten in Deutschland geschah, hatte seine triste, übeltäterische Vorgeschichte, doch ebenso eine Vorgeschichte des tapferen Widerstands gegen das drohende Unheil auch durch Dichter und Schriftsteller, bis zuletzt.

Thomas Mann gab kund, was ihm im Jahre 1932 in deutschen Landen widerfuhr, und nannte es ein grausiges Vorspiel des Nazischreckens: »Als ich mich im Sommer an der Ostsee aufhielt, bekam ich ein Paket zugeschickt, aus dem mir, als ich es öffnete, schwarze Asche, verkohltes Papier entgegenfiel. Der Inhalt bestand aus einem verbrannten, nur gerade noch erkennbaren Exemplar eines Buches von mir, des Romans ›Buddenbrooks‹, – mir übersandt vom Besitzer zur Strafe dafür, dass ich meinem Grauen vor dem heraufkommenden Nazi-Verhängnis öffentlich Ausdruck gegeben hatte.«

Arnold Zweig schrieb im Juli 1932, als die Nazis bei den Reichtagswahlen große Stimmengewinne erzielt hatten, in einem offenen Brief, der auch im Ausland veröffentlicht und viel beachtet wurde: »Kämen die Nationalsozialisten zur Regierung, so würden diese nicht, wie englische Beobachter vielleicht meinen mögen, der Amtsführung eines konservativen Kabinetts entsprechen, nicht also würden die sogenannten ›gesunden deutschen Überlieferungen‹ zum Ausgleich für einen übertriebenen Internationalismus zur Geltung kommen. Die Nationalisten sind nicht konservativ. Ihr Ziel ist die Wiedereinsetzung des militärischen Obrigkeitsstaates in Europa ... Was ist es denn, das jetzt nach der Herrschaft über das deutsche Volk greift und dank des verlorenen Krieges und der Verarmung breitester Massen des Mittelstandes wie der Arbeiterschaft diesem Ziel sehr nahe gekommen ist? Nichts anderes als die Adelsherrschaft der preußischen und bayrischen Großgrundbesitzer, die mit den Industrie- und Bankherren ein Kampfbündnis geschlossen haben. Sie stehen hinter der nationalsozialistischen Bewegung, sie sind ihre treibende Kraft. Sie streben danach, im Lichte der Öffentlichkeit das fortzusetzen, was sie 1919 im geheimen planten und begannen: Deutschlands Wiederaufrüstung, seine militärische Regeneration.«

Sogleich war einer der deutsch-nationalen Scharfmacher der »Harzburger Front« zur Stelle, ein gewisser Housang, Chefredakteur des *Berliner Lokalanzeigers*, der sich den Nazis andiente und sich heftig über das

»deutschsprachige Zivilisationsliteratentum« ereiferte, mit dem er sich schon jahrzehntelang in einem Krieg sah. Der Zweig sei nur »ein Zweig an diesem giftigen Baum, dessen Schatten das Wachstum alles Deutschen stört, soweit er über Deutschland liegt ...«

Etwa zur selben Zeit schrieb Käthe Kollwitz in ihr Tagebuch, das sie all die Jahre und die Nazizeit hindurch – wer weiß wie listig versteckt und verborgen – geführt hat: »Am 30. Januar wird Hitler Reichskanzler. Dann alles Schlag auf Schlag. 15. Februar müssen Heinrich Mann und ich aus der Akademie austreten. Verhaftungen und Haussuchungen. Ende März auf zwei Wochen nach Marienbad ... Mitte April kommen wir zurück in der festen Absicht zu bleiben. Vollkommene Diktatur ...«

Heinrich Mann gab später in seinen Erinnerungen »Ein Zeitalter wird besichtigt« schonungslos Rechenschaft über diese Tage: »Ich war sogar als erster bestimmt, einen Vorgeschmack zu geben. Es machte nicht weiter stolz, hat mich auch wenig erregt, man war gefasst, obwohl nicht gerade auf jede Einzelheit. Am 15. Februar 1933 ließ der Präsident der Akademie, ein Musiker, der gleich nachher so sehr wie möglich verstarb, mich überall suchen. Ich sollte großartig ausgestoßen werden von den Mitgliedern aller Abteilungen, bildende Künste, Musik und Literatur. Ihre Gesamtsitzung war einberufen, ohne dass ich davon wusste. Der Minister aus der üblichen Irrenanstalt geradewegs in den Palast Unter den Linden versetzt – dort waltet er noch jetzt, falls der Palast noch steht –, hatte in festlicher Rede den Studenten meine Entfernung zugesichert. Als ich gefunden war und eintraf, war sie beschlossen. Wie hätten all die wohlbestallten

Kulturträger anders beschließen können. Die Wahl war ihnen gegeben: entweder sie verleugnen mich oder werden aufgelöst. Ein einzelner Mann, Stadtbaurat Wagner, schlug die Tür hinter sich zu. Erst in der Türkei ist er wieder gesehen worden ...«

Längst hatten die rabiaten Demagogen auch den letzten Respekt vor weltbekannten Schriftstellern und jeglicher »Verkörperung deutscher Geistigkeit« fallen lassen. »Dass Herr Heinrich Mann veranlasst wurde, aus der Preußischen Akademie auszutreten, soll ein Skandal sein? Ein Skandal war es vielmehr, dass eine solche Figur dieser Akademie als Vorsitzender ihrer ›Abteilung für Dichtkunst‹ angehören konnte«, wütete jener Housang nun wieder. »Der Vorsitzende einer deutschen Dichterakademie – wenn es schon so etwas geben soll – müsste ein Mann sein, der sich mit irgend einem Rechte als Verkörperung deutscher Geistigkeit auf die Bühne der Offentlichkeit wagen dürfte. Herr Heinrich Mann aber war und ist das wahre Antideutsche. Er hat den Platz geräumt, auf den seinesgleichen ihn geschoben hatten. Somit könnte man ihn wohl verdienter Vergessenheit anheimfallen lassen... Es ist nur, weil er einen so vollendeten Typus dessen darstellt, was bei uns seit dem Novemberzusammenbruch obenauf schwamm und mit ungeheurer Anmaßung für sich in Anspruch nahm, der Auszug aller tödlich feinen Kräfte deutscher Geistigkeit zu sein.«

Nach solchen Hasstiraden, von denen sich selbst ein Goebbels noch ein Scheibchen abschneiden konnte und wohl auch abschnitt, vergingen nicht einmal hundert Tage, bis zum 10. Mai 1933, als die Bücher von mehr als hundert deutschen Schriftstellern in vielen deutschen Städten auf Scheiterhaufen geworfen

Autodafé auf dem Berliner Opernplatz, 1933

und verbrannt wurden. Es waren nicht nur die Werke von Kommunisten, Sozialisten und ihnen nahe stehenden Männern und Frauen, sondern auch von gläubigen Katholiken und Protestanten, Pazifisten, Sozialdemokraten, Juden, sämtlich Antifaschisten. Zu den weit über die Grenzen Deutschlands hinaus bekannten Autoren zählten: Walter Benjamin, Ernst Bloch, Bertolt Brecht, Max Brod, Otto Dix, Alfred Döblin, Albert Einstein, Lion Feuchtwanger, Marieluise Fleißer, Leonhard Frank, Sigmund Freud, Iwan Goll, Georg Grosz, Jaroslaw Hasek, Heinrich Heine, Magnus Hirschfeld, Ödön von Horvath, Franz Kafka, Georg Kaiser, Erich Kästner, Alfred Kerr, Egon Erwin Kisch, Karl Kraus, Theodor Lessing, Karl Liebknecht, Georg Lukacz, Rosa Luxemburg, Heinrich Mann, Klaus Mann, Ludwig Marcuse, Karl Marx, Robert Musil, Carl von Ossietzky, Erwin Piscator, Alfred Polgar, Erich Maria Remarque, Ludwig Renn, Joachim Ringelnatz, Joseph Roth, Nelly Sachs, Anna Seghers, Arthur Schnitzler, Carl Sternheim, Bertha von Suttner, Ernst Toller, Kurt Tucholsky, Jakob Wassermann, Franz Werfel, Grete Weiskopf, Arnold Zweig, Stefan Zweig und viele andere.

Die »Aktion wider den undeutschen Geist« war in den wenigen Monaten seit der Machtübernahme der Nazis geplant und systematisch vorbereitet worden. An den Hochschulen wurden »Kampfausschüsse« des Nationalsozialistischen Deutschen Studentenbundes gegründet, die auf dem Berliner Opernplatz und in mehr als zwanzig anderen Universitätsstädten die öffentlichen Bücherverbrennungen inszenieren sollten. Auch »Schandpfähle« wurden in einigen Hochschulen errichtet, an denen die Verfemten und ihre Schriften gebrandmarkt werden sollten: »Alle, die nicht unseres Geistes sind«. Im April hatte man mit der Sammlung des »zersetzenden Schrifttums« begonnen, zuerst sollten die Studenten ihre eigenen Bücherschränke und die ihrer Familien, Freunde und Bekannten durchsuchen, dann Universitäts- und Institutsbibliotheken, öffentliche Leihbibliotheken und Buchhandlungen – eine »Schwarze Liste« zur Bücherplünderung war landesweit verpflichtend.

In allen Universitätsstädten sollten nach einem genau festgelegten Zeitplan bei Einbruch der Dunkelheit, begleitet von Fackelzügen, die Bücher – allein in Berlin waren es mehr als 25.000 – auf Pferdekarren oder Lastwagen zum »Verbrennungsakt« gebracht werden. Die tagsüber aufgeschichteten Scheiterhaufen loderten auf, als man die Bücher mit Gebrüll hineinwarf. Es wurden sogenannte »Feuersprüche« in die versammelte Menschenmenge geschrien, die allerorts verbindlich waren.

Der erste Spruch lautete: »Gegen Klassenkampf und Materialismus, für Volksgemeinschaft und idealistische Lebenshaltung! Ich übergebe der Flamme die Schriften von Marx und Kautsky.« Der zweite Spruch: »Gegen Dekadenz und moralischen Zerfall! Für Zucht und Sitte in Familie und Staat! Ich übergebe der Flamme die Schriften von Heinrich Mann, Ernst Glaeser und Erich Kästner.« Und weiter bis zum neunten »Feuerspruch«: »Gegen Frechheit und Anmaßung, für Achtung und Ehrfurcht vor dem unsterblichen deutschen Volksgeist! Verschlinge auch die Schriften von Tucholsky und Ossietzky!«

Erich Kästner wurde als »Verbrannter Dichter« selbst zum Zeugen des gespenstischen Treibens am Berliner Opernplatz und erlebte da auch den Auftritt des Propagandaministers Joseph Goebbels mit seinem aufputschenden Geschrei, das allem noch einen offiziellen Segen gab. Kästner schrieb darüber: »Ich stand vor der Universität, eingekeilt zwischen Studenten in SA-Uniform, den Blüten der Nation, sah unsere Bücher in die zuckenden Flammen fliegen und hörte die Tiraden des kleinen abgefeimten Lügners. Begräbniswetter hing über der Stadt. Der Kopf einer zerschlagenen Büste Magnus Hirschfelds stak auf einer langen Stange, die, hoch über der stummen Menschenmenge, hin und her schwankte. Es war widerlich. Plötzlich rief eine schrille Frauenstimme: ›Dort steht ja Kästner!‹

Eine junge Kaberettistin, die sich mit einem Kollegen durch die Menge zwängte, hatte mich stehen sehen und ihrer Verblüffung überlaut Ausdruck verliehen. Mir wurde unbehaglich zumute. Doch es geschah nichts. (Obwohl in diesen Tagen gerade sehr viel zu geschehen pflegte.) Die Bücher flogen weiter ins Feuer. Die Tiraden des kleinen abgefeimten Lügners ertönten weiterhin. Und die Gesichter der braunen Studentengarde blickten, die Sturmriemen unterm Kinn, unverändert geradeaus, hinüber zu dem Flammenstoß und zu dem psalmodierenden gestikulierenden Teufelchen …

Hier vollzieht sich Politik, und hier ereignet sich Geschichte. Die Flammen dieser politischen Brandstiftung würden sich nicht löschen lassen. Sie würden weiterzüngeln, um sich fressen, auflodern und Deutschland, wenn nicht ganz Europa in verbrannte Erde verwandeln. Es würde so kommen und kam so. Es lag in der Unnatur der Sache.«

Erich Kästner war Dresdener, seine Eltern wohnten noch immer in der Nähe unseres Trachauer Lichtenbergwegs, als ich von alldem erfuhr, nachdem die Stadt in Schutt und Asche lag und weithin nur verbrannte Erde war. Erst jetzt bekam ich Bücher oder einzelne Geschichten und Gedichte dieser »Verbotenen und Verbrannten« zu Gesicht, nicht von einem hatte ich je zuvor gehört. Während der Nazizeit herrschte in der Schule Schweigen darüber oder die Verteufelung aller »Feinde«. Mein Vater und alle aus der Familie hassten zwar den Krieg und nörgelten an den Nazis herum, doch welch grausiges Unheil in unseren Kinderjahren angerichtet und in die Welt getragen wurde, blieb uns fern oder gänzlich geheim.

Nun traf es uns wie ein heilsamer Schlag. Aus den bisher Totgesagten wurden die Verfasser der Gedichte und Geschichten in unseren neuen Lese- und Lehrbüchern, deren Bedeutung für uns wir erst nach und nach begriffen. Doch die neuen Zeitungen, Zeitschriften und Bücher, die schon im ersten Nachkriegsjahr ins Land kamen, wurden begierig gelesen, weitergereicht, teils abgeschrieben und auswendig gelernt – darunter Kästners, Weinerts, Mühsams, Tucholskys, Bechers und Brechts Verse.

Von Brecht schrieb ich mir alles ab, was ich nur irgendwo fand. Seine Gedichte und die kurzen Geschichten und Notate, sogar die über »Schauspielerei« und die »Kämpfenden Klassen«, woraus man erfuhr, dass ohne Wissen keiner wissen könne, »was wissenswert ist«. Die höchsten Entscheidungen für das Menschengeschlecht würden nun einmal »auf der Erde ausgekämpft, nicht in den Lüften« – das leuchtete sofort ein. »Über den kämpfenden Klassen kann niemand stehen, da niemand über den Menschen stehen kann«, hieß es noch einleuchtender weiter. »Die Gesellschaft hat kein gemeinsames Sprachrohr, solange sie in kämpfende Klassen gespalten ist. So hieße ›unparteiisch sein‹ für die Kunst nur: ›zur herrschenden‹ Partei zu gehören.« Aber da fing die Sache an kompliziert zu werden: »Unparteiisch« wollten wir nach Beginn des neuen Zeitalters keinesfalls sein, doch gehörten wir nicht trotzdem zur herrschenden Partei?

Und waren wir denn noch in »kämpfende Klassen« gespalten – oder hatten wir neuerdings nicht ein »gemeinsames Sprachrohr«, eben solche bisher totgesagten Dichter wie diesen Bertolt Brecht? Er war aus dem Exil in den Osten Deutschlands gekommen und blieb da. Also DABLEIBEN, wo er war, hieß das jedenfalls für mich. Um hier auszukämpfen, was noch auszukämpfen war – NICHT IN DEN LÜFTEN.

VI. Anti-Antikommunist

In der Nachfolge und unter Berufung auf Lichtenberg war es in Deutschland nach der Novemberrevolution 1918 der Schriftsteller Kurt Tucholsky, der zu den engagiertesten und scharfsinnigsten Chronisten und Kritikern gehörte. Er sah sich bewusst in der aufklärerischen Tradition Lichtenbergs, Lessings, Heines und nannte ausdrücklich sein letztes hinterlassenes Tagebuch, das er bis zu seinem Tode 1935 im schwedischen Exil führte, ebenfalls: »Sudelbuch«. Auch er war verbittert und verzweifelt in den letzten Lebensjahren wegen der Vergeblichkeit aller Warnungen vor dem aufkommenden Faschismus und dem drohenden Krieg.

Vereinsamt im Exil hatte er zwar bis zuletzt, wie Erich Kästner bekundete, »mit der Schreibmaschine eine Katastrophe aufhalten« wollen, aber dann nur noch quasi als Schlusswort im »Sudelbuch« das völlige Verstummen erklärt: »Eine Treppe: Sprechen, Schreiben, Schweigen«. Die sechs Millionen Arbeitslosen der zugrunde gerichteten Weimarer Republik, die Straßenschlachten, das unvorstellbare soziale Elend, die Notverordnungen und reaktionären Rechts- und Finanzmanipulationen, der Einzug von 230 Naziabgeordneten als stärkste Fraktion in den Reichstag – schließlich Reichstagsbrand, Bücherverbrennung, allgegenwärtiger Terror und totale Militarisierung: »Da kann man nicht mehr schreiben, wo man nur noch verachtet.«

In Briefen kurz zuvor hatte er konstatiert. »Wir haben ja verloren, aber die Idee ist unbesiegt.« Er kam dennoch über diesen »großen Knacks« seines Lebens und Jahrhunderts nicht hinweg. »Dass ich mich in der menschlichen Natur so sehr getäuscht habe: ich hatte von Deutschland nie etwas anderes erwartet, wohl aber von den anderen. Und von denen auch wieder keinen Krieg, sondern eine klare und gesunde Abkehr von diesem Misthaufen, und vor allem von den Pulverfässern, die darunter liegen. Darin habe ich mich getäuscht, und nun mag ich nicht mehr.« Was er bis 1933 gemacht habe, sei nun endgültig vorbei. Nur noch die kalte Seite von sich wolle er zeigen, »ganz nach außen gestülpt, lauter Stacheln«, ansonsten denke er über Essays und Romane nach, »künftig in französischer Sprache«.

Das »Sudelbuch« hatte Tucholsky mit dem handschriftlichen Vermächtnis hinterlassen, dass es nach seinem Tod seiner zweiten Frau Mary T.-Gerold übergeben werden sollte. Diese weigerte sich aber, die sehr persönlichen und teils schwer entzifferbaren handschriftlichen Notizen zur Publikation freizugeben, so dass diese erst 1993, nach ihrem Tod, veröffentlicht wurden. 1978 waren jedoch seine Q-Tagebücher bereits erschienen, die er in seinen letzten Lebensjahren führte und die neben politischen Auseinandersetzungen keineswegs weniger intime Bekenntnisse enthalten als sein »Sudelbuch«. Das »Q« der »Q-Bücher« war für ihn das Kürzel für »Ich quatsche« – hier allerdings in Ergänzung zu Briefen, die er bis wenige Tage vor seinem Selbstmord an seine letzte Lebensgefährtin, die Züricher Ärztin Dr. Hedwig Müller, richtete. »Das Politische«, auf gemeinsame Interessen und Neigungen zugespitzt, dominierte diese Notizen, wenn auch ausdrücklich als sehr persönliche Weltbetrachtung der Adressatin zugeeignet: »Ich schreibe das hier hauptsächlich, um geistig bei Dir zu kuscheln.«

Die Eintragungen im »Sudelbuch« hingegen sind kühl und knapp, pointiert und meist nur ein- oder zweizeilige Satzfetzen, Aphoristisches, viel Kritisches zu Zeit, Land und Leuten: »Die Deutschen haben zwar nicht das Pulver erfunden, wohl aber die Philosophie des Pulvers.« – »Ein uniformierter Mörder ist kein Mörder, er ist ein General.« – »Ich höre, Sie sind Sadist – gestatten Sie, dass ich Ihnen ein paar in die Fresse schlage?« Strikt privat: »Mein Weltbild ist mir fast von der Wand gefallen.« – »Ich sehe mir gar nicht mehr ähnlich.« – »Ich bin gar nicht neugierig, ich will bloß alles wissen.« – »Freie Bahn dem Seitensprung!« Mit melancholischem Augenzwinkern: »Son Tod, dann lieber jar keen!« Trotzalledem: »An Karl Liebknecht: Du lebst. Denn deine Proletarier leben.« Und nicht unaktuell – sibyllinisch: »Der Sozialismus wird erst siegen, wenn es ihn nicht mehr gibt.«

In der DDR (»Kurze Geschichte der deutschen Literatur«, Volk und Wissen Verlag, Berlin 1981) galt Kurt Tucholsky als der »linke Melancholiker« mit »tragischem Akzent«: »Er stand wirklich ›links‹. Er arbeitete an der von der KPD herausgegebenen *Arbeiter-Illustrirten-Zeitung* mit und veröffentlichte einprägsame Gedichte über den Alltagsheroismus proletarischer Menschen (›Mutterns Hände‹, ›Fragen an eine Arbeiterfrau‹). Er hielt den ›Zusammenschluss der radikalen Intellektuellen mit der KPD für einen Segen und ein Glück‹. Trotz solcher Äußerungen blieb er jedoch der ›radikale Intellektuelle‹, der

Kurt Tucholsky (1890-1935)

sich entschieden nach rechts abgrenzte, aber auch nach links.«

Immer wieder, spontan und temperamentvoll, originell, bisweilen überspitzt, auch ungerecht äußerte er sich in den »Q-Tagebüchern« zur Arbeiterbewegung, zum Sozialismus, Kommunismus und zu Problemen in der Sowjetunion nach Lenins Tod. »Ein Dogma muss sein – aber dieses ist blutleer. Und falsch, falsch, falsch«, schrieb er Ende 1934 zur weltweiten Komintern- und Sowjetpropaganda. »Dass das Monopolkapital mal auf alle Fälle unrecht hat, darüber braucht man allerdings nicht zu sprechen, denn der verbrannte

Kaffee stinkt zum Himmel. Die Not auch. Aber nun – ? In einer alten Studie aus dem Jahre 1921 hat einer gesagt: Der Bolschewismus vereinigt die Schwärmerei des Urchristentums mit der Intoleranz des Judentums und der katholischen Kirche. Bene, bene. Es ist schade, dass mein Format und mein Wissen nicht ausreichen, ich kann nicht ein Wort öffentlich sagen, weil jeder, mit vollem Recht, fragte: Also, bitte – wie dann? Und das weiß ich nicht. Aber ich weiß wenigstens, dass ich es nicht weiß, und dass das da nichts ist. Keine Brücke führt herüber –.«

Jedoch die Debatte führte er unentwegt weiter (mindestens auf dem Sudel- und Q-Buchpapier), sogar im letzten Lebensjahr noch intensiver und erbitterter, gipfelnd in seiner leidenschaftlichen Anti-Antibolschewismus-Tirade: »Ich weiß sehr wohl, dass sich in Russland an den Lieferungen nicht eine kleine Gruppe gesundstößt, und sicherlich verdient Stalin nichts an der Sache – das glauben ja nur Kaufleute und ähnliche Dummköpfe. Man wird nicht Tyrann, wenn man friert. Aber es darf vielleicht gefragt werden: Wenn ihr die Hemmungen wegen des Koitus losgeworden seid, wie äußern sich dann nun die Hemmungen der politischen Bespitzelung? Dass man fast nie allein sein kann? Und dass man sich nie, nie offen aussprechen kann, ohne Repressalien befürchten zu müssen? Und darf man vielleicht fragen, welche Menschenart dieser Volkskörper Russland unter den so gearteten Umständen weiter ausschwitzt? Sind das gute Leute? Sind das nicht *auch* Konformisten, nur andere? Wer setzt sich denn in einer Gruppe, wie in einem Komitee, durch? Der Beste? Das ist doch Quatsch … Ich leugne das große Werk nicht. Ich fürchte den Augenblick, wo auf Geheiß der Deterdinge aller Länder dort einmarschiert und etwas zerschlagen wird, das ich nicht für ›richtig‹, aber doch stellenweise für heroisch halte. Wer die französischen Gruben in der Hand hält, der soll vor allem das Maul halten – der ist überhaupt nicht legitimiert, mitzusprechen, und gegen den hat jeder recht, sogar ein Marxist. Wer den Amerikanern anrät, Felder wieder in Urland zu verwandeln, ist ein Sünder – er hat zu schweigen. Ich bin Anti-Antibolschewist. Aber ich bin kein Bolschewist …«

Diese Notizen Tucholskys von Ende des Jahres 1935 in seinem »Q-Buch« zeugen davon, dass er damals jede Alternative, auch einen noch erhofften »dritten Weg« schwinden und nur Sackgassen und Abgründe um sich sah: »Dass ich mein Leben zerhauen habe, weiß ich. Dass ich nicht allein daran schuld bin, weiß ich aber auch. Mein Gott, wäre ich in Frankreich geboren …!«

Obwohl außer Landes war er seit der Machtergreifung der Nazis und schon vorher ein Gehetzter und Gejagter. »Wegen des dringenden Verdachts des Landesverrats« hatte man ihn zur Fahndung und Festnahme ausgeschrieben. Polizisten und Gestapospitzel spürten ihm auch in Frankreich, Schweden und in der Schweiz nach, alle seine Bücher standen auf der »Schwarzen Liste«, nichts wurde von ihm noch geduldet oder gedruckt.

Mit 32 anderen Prominenten – darunter Heinrich Mann, Rudolf Breitscheid, Lion Feuchtwanger, Philip Scheidemann, Ernst Toller, Wilhelm Pieck, Lion Feuchtwanger, Max Hölz – zählte man ihn zu den schlimmsten »Volksverrätern, ausgestoßen aus der deutschen Volksgemeinschaft«. Er war jeglicher Einkünfte und auch seines zurückgelassenen Vermögens durch Beschlagnahme beraubt. Zudem litt er schon seit Jahren an einer chronischen Hals- und Nasenentzündung und war trotz vieler Operationen, langwieriger Klink- und Kuraufenthalte schwerkrank und depressiv. Seine Lage war verzweifelt, nur seinen Freunden gestand er es ein, doch er blieb bis zuletzt gefasst: »Würde ich noch einmal richtig gesund, so schriebe ich, vielleicht – aber niemals wieder das, und niemals wieder so.«

Von seinem Schriftstellerfreund Arnold Zweig, der nach Palästina geflüchtet war, erbat er sich am 15. 12. 1935, wenige Tage vor seinem Tod, dessen »Verdun«-Roman und »Bilanz der Judenheit« und schrieb ihm einen Brief aus Zürich. Es war alles andere als ein Abschiedsbrief:

»Man hat eine Niederlage erlitten. Man ist so verprügelt worden, wie seit langer Zeit keine Partei, die alle Trümpfe in der Hand hatte. Was ist nun zu tun? Nun ist mit eiserner Energie Selbsteinkehr am Platze. Nun muss, auf die lächerliche Gefahr hin, dass das ausgebeutet wird, eine Selbstkritik vorgenommen werden, gegen die Schwefellauge Seifenwasser ist. Nun muss – ich auch! ich auch! – gesagt werden: Das haben wir falsch gemacht, und das und das – und hier haben wir versagt. Und nicht nur: die anderen haben…sondern: wir alle haben. Und was geschieht statt dessen? Statt dessen bekommen wir Lobhudeleien zu lesen, die ich nicht mag – Lob der Juden und Lob der Sozis und der Kommunisten – ›sie sitzen da und hochachten einander‹ heißt es einmal im Schwedischen. Und das ist keine Sache der Partei. Eine Geißelung so einer

Schießbudenfigur wie Breitscheid vorzunehmen oder Hilferdings oder sonst eines – das ist ja Leichenschändung. Doch haben weder die noch irgendein andrer, wenigstens ist mir kein Beispiel bekannt, überhaupt begriffen, was ihnen geschehen ist.

›Ohne Hören, Ohne Sehen stand der Gute sinnend da, und er fragt, wie das geschehen und warum ihm das geschah.‹ Statt einer Selbstkritik und einer Selbsteinkehr sehe ich da etwas von ›Wir sind das bessere Deutschland‹ und ›Das da ist gar nicht Deutschland‹ und solchen Unsinn. Aber ein Land ist nicht nur das, was es tut – es ist auch das, was es erträgt, was es duldet. Es ist gespenstisch zu sehen, was die Pariser Leute treiben – wie sie mit etwas spielen, was es gar nicht mehr gibt. Wie sie noch schielen, wie sie sich als Deutsche fühlen – aber zum Donner, die Deutschen wollen euch nicht! Sie merken es nicht. Das ist Deutschland: Die Uniform passt ihnen, nur der Kragen ist ihnen zu hoch. Etwas unbequem – etwas störend – so viel Pathos und so wenig Butter – aber im übrigen? Wie sagt Alfred Polgar: ›Der Umfall beginnt damit, dass man hört: Eines muss man den Leuten lassen …‹ Und sie lassen ihnen das eine und das andere und dann alles. Das ist bitter zu erkennen. Ich weiß es seit 1929 – da habe ich eine Vortragsreise gemacht und ›unsere Leute‹ von Angesicht zu Angesicht gesehen vor dem Podium, Gegner und Anhänger, und da habe ich es begriffen, und von da ab bin ich immer stiller geworden. Mein Leben ist mir zu kostbar, mich unter einen Apfelbaum zu stellen und ihn zu bitten, Birnen zu produzieren. Ich nicht mehr. Ich habe mit diesem Land, dessen Sprache ich so wenig wie möglich spreche, nichts mehr zu schaffen.

Möge es verrecken – möge es Russland erobern – ich bin damit fertig … Man muss von vorn anfangen. Von vorn, ganz von vorn. Wir werden das nicht erleben. Es gehört dazu, was die meisten Emigranten übersehen, eine Jugendkraft, die wir nicht mehr haben. Es werden neue nach uns kommen. – So aber geht's nicht. Das Spiel ist aus.«

Arnold Zweig erhielt den Brief erst zum Jahresende, da wusste er nicht, dass Kurt Tucholsky bereits verstorben war. Noch überwog die Freude über eine Botschaft von ihm, die Antwort auf Briefe, und ein Gefühl, dass sie beide hoffnungsvoll miteinander verband. Als er dann die schreckliche Nachricht von Tucholskys Tod in einem Göteborger Krankenhaus erhielt – bis heute ist nicht völlig geklärt, ob es ein Suizid oder eine Medikamentenvergiftung war – wollte er es nicht fassen. »Kurt Tucholsky, dann saß ich da und wunderte mich«; schrieb er in einem erschütternden »Brief an den Toten«: »Ich wunderte mich einen ganzen Horizont voll, ein schwarzblaues Meer, einen sonnenvollen Nachmittagshimmel voll wunderte ich mich. Und ich wundere mich eigentlich noch heute.« Und er widersprach gründlich dem Satz vom »Spiel«, das aus sei: »Somit, Tucholsky, lieber tapferer Kamerad, bezaubernder Schriftsteller, bester Chansonnier der Republik, gehe ich von Ihnen und an meine Arbeit. Sie hatten eine übertriebene Hochachtung und Erwartung für das, was dem Geiste möglich ist, als sie die Emigration so bitter glossierten. Eine vage Vorstellung von etwas Ungeheurem, nicht an Aufschrei sondern an Abwehr, beseelte Sie, als Sie verstummten, immer tiefer verstummten, den letzten Trank der Stummheit tranken. Und dabei war der Irrtum doch bloß klein gewesen, dass nämlich die Zeit der Gewaltlosigkeit schon angebrochen sei. Das ist nicht der Fall. Der Stern Erde, in den man sie einbuddelte, hat eine Fülle tierischer Bestandteile, darunter die menschliche Intelligenz. Er braucht sie, damit sich die Menschen gegenseitig totschlagen. Aber es werden zugleich immer wieder neue geboren. Kleine Säuglinge, wie sie einen auf einem ihrer entzückenden Bücher abbildeten. Die Tiefe der Verzweiflung sagt nichts aus über die Sache, an der einer verzweifelt, nur über den Grad seiner seelischen Empfindlichkeit berichtet sie.

Die Feststellung von Tatbeständen, dass nämlich mehr Gemeinheit in der Welt sei, als sonst angenommen wird, macht den nicht gemeiner, der sie macht. Er muss sie nur verarbeiten können, die Gemeinheit nicht hinnehmen, die Ohnmacht nicht bejahen, die Plattheit seiner Gegenwart nicht bejubeln. Er muss vielmehr sein Erkenntnisvermögen schärfen, seine Unterscheidungen verfeinern, seine Richtung unbeirrbar aufspüren, und er muss, Tucholsky, lange leben, um den Sieg der guten Sache zu fördern. Das ist kein Vorwurf für einen gefallenen Kameraden, der vierzehn Jahre in der vordersten Reihe focht, den Schmerz, Wut und Gelächter durchblitzten wie keinen, der ein Übermaß von Pflichterfüllung in seinem Soldbuch aufweisen kann, falls in der Göteborger Erde jemand danach fragt. Es weist nur uns an, wonach wir uns zu richten haben. Dass irgendwo in einem Berliner Dienstzimmer ein Herr, den wir vielleicht sogar kennen, als Beauftragter des Goebbels sitzt und unsere Arbeiten begutachtet, wie gleichgültig ist das.

Lass den Müll sich freuen und lass den Müll sich ärgern. Wenn wir nur sicher sind, dass der Müll sich den Weg in die Müllgrube bahnt und dass wir ihm dabei helfen … Dass er nicht Europa verschüttet und was nach ihm kommt, das ist die Hauptsache. Und dass es nicht zu spät kommt für die heldenhaften Jungen und Mädel, Männer und Frauen, Nichtjuden und Juden, die ihm in Deutschland die Bahn bereiten, dem glücklichen Rutsch.

Lieber Tucholsky, schlafen Sie wohl. Wie weh tut es mir, nicht sagen zu können, auf Wiedersehen. Wieviel stille Tränen sind schon geflossen, weil man Sie auf die Vermisstenliste setzen muss, die Liste derer, die wir immer vermissen werden. Sie ist schon hübsch lang, diese Liste. Nach meinen Augen fragen Sie. Wie sie auch immer seien, Sie werden sie nie mehr sehen. Aber Ihren Nachruhm und Ihr Gedächtnis und den Dank an Sie, den wohl.

Wer uns so lachen und zürnen machte, und just über das Lächerliche und Empörende, wer so herrlich zu spaßen und weise zu sehen vermochte wie Sie, und alles so auf deutsch, der mag gern ausruhen wie Heinrich Heine. Er ist ein Lebender wie er. Und somit verlässt Sie fürs erste und weitere

Ihr Kamerad Arnold Zweig«

VII. König Henry im Exil

Am 21. Februar 1933 verließ Heinrich Mann angesichts der Nazitumulte und der Drohungen und Warnungen, die er erhielt, seine Berliner Wohnung für immer und trug auf dem Weg zum Bahnhof nichts als einen Regenschirm bei sich. Anderes Reisegepäck hätte ihn verraten, denn er wurde bereits beobachtet, und er löste deshalb auch die Fahrkarte nur bis Frankfurt, obwohl sein Reiseziel Frankreich war. Anderntags fuhr er weiter und ging zu Fuß über die Rheinbrücke und Grenze bei Kehl. Das schöne Nizza an der Cote d'Azur, wo er schon früher häufig in den Herbst- und Wintermonaten gelebt hatte, wurde ihm nun zur zweiten Heimat, bis ihn der Krieg 1940 auch dort verjagte.

Die französischen Exiljahre waren für ihn trotz aller Schwierigkeiten und Entbehrungen wichtige Jahre des Schreibens und zugleich der politischen Klärung, Sammlung und des Handelns. Erst recht galt jetzt für ihn: »Die Tat besteht neben den Werken eines Schriftstellers, deren Folge und letztes Ergebnis sie ist.« Er wurde Ehrenvorsitzender des neuen Schutzverbandes Deutscher Schriftsteller und vertrat die Interessen der Kollegen in allen Exilländern. Regelmäßig traf er sich mit Lion Feuchtwanger; Franz Werfel, Bert Brecht, Ernst Bloch, René Schickele und vielen anderen geflüchteten deutschen Schriftstellern, auch mit Politikern, Literaten und Linksintellektuellen anderer Länder, die bald in einer »Antifaschistischen Volksfront«

zusammenfanden. Das habe ihn zu einem »Zugehörigen« gemacht, bekannte er später: »Ich sprach nicht mehr allein vor geladenen Hörern – mit den französischen Schriftstellern Barbusse, Gide, Aragon, Bloch leitete ich Volksversammlungen. Ich kam in den persönlichen ›Untergrund‹-Verkehr mit den antifaschistischen deutschen Arbeitern. Ihre Berichte waren gezeichnet von den Funktionären beider Parteien. Sie gaben mir viel Hoffnung.«

Zum Jahrestag der Bücherverbrennung übernahm er die Präsidentschaft der in Paris gegründeten Deutschen Freiheitsbibliothek mit den Werken aller von den Nazis verbotenen und verfemten Schriftsteller, Wissenschaftler und Publizisten. In einer Rede vor dem Völkerbund in Genf machte er im November 1935 die Weltöffentlichkeit auf das Schicksal der vertriebenen deutschen Schriftsteller aufmerksam, die »durch fremde Städte auf der Suche nach einem fragwürdigen Broterwerb« irrten und selbst vor Bespitzelung, Verfolgung und Mord durch Gestapoagenten nicht sicher waren. Bald auch nicht mehr vor Nachstellungen, Erniedrigungen und Schikanen der Exilländer, wie er bald selbst zu spüren bekam.

Aber er konnte trotz allem in Frankreich glücklich seinen großen Roman »Henri Quatre« schreiben. Begonnen hatte er damit schon, als er ein Jahrzehnt zuvor auf einer Touristenreise nahe der Pyrenäen ins Schloss Pau des »guten Königs« von Navarra geriet – des Hugenotten- und Volks-Königs, der schließlich Frankreich mit List und gegen Tücke einigte: »Paris ist eine Messe wert.« Heinrich Mann soll damals hinter dem Touristenschub lange allein in dem Schlossverließ zurückgeblieben sein und den Entschluss zu diesem

Heinrich Mann (1871-1950)

Werk gefasst haben. Auf seiner Flucht nach Frankreich hatte er zwar kein beschriebenes Blatt Papier bei sich, doch vieles schon im Kopf. Seine Notizen, Konzepte und Entwürfe zu den ersten Kapiteln brachte ihm seine Frau, die ihm über Kopenhagen und Amsterdam nachgereist kam. Zwei dicke Bände sind es schließlich geworden, die es »in sich« haben. Sieben Jahre bedachte er das Vorhaben und bereitete den großen Plan vor – er ließ sich Zeit.

Den Roman zu schreiben, nahm er sich noch einmal sechs Jahre. Das französische Exil war kein Exil mehr, überhaupt keine Fremde, sondern »das Königreich seines Henri«. Auf seiner Spur lernt er das Land und seine Leute von Grund auf verstehen. »Legt sich täglich nieder und steht wieder auf im Dienst derselben Gestalt – die ihm jung bleibt, auch er selbst altert um ihrer willen noch nicht«, so schrieb man über ihn. Und er selbst: »Henri Quatre – die Macht der Güte. Es ist weder verklärte Historie noch freundliche Fabel: nur ein wahres Gleichnis. Ich gab es mir für die Zeit der Schrecken mit. Sind sie überstanden, soll es sich wahr und wirklich erweisen.«

Im November 1935 war der erste Teil des Romans, »Die Jugend des Königs Henri Quatre«, vollendet. Er erschien im selben Jahr im Amsterdamer Querido-Verlag und in der Moskauer *Internationalen Literatur* sowie dem *Pariser Tageblatt*, Nachdrucke in Kiew und der USA kamen hinzu.

Der zweite Teil, »Die Vollendung des Königs Henri Quatre«, war Ende August 1938, genau ein Jahr vor Kriegsbeginn abgeschlossen und ebenfalls vom Querido-Verlag und der *Internationalen Literatur* gedruckt worden. Seitdem gingen die Übersetzungen in die Dutzende und die Auflagen in die Millionen – in Deutschland war dieses Buch, das zum »Jahrhundertroman« erklärt wurde, bis 1945 verboten.

Heinrich Mann ließ seinem Bruder Thomas das Buch sofort vom Verlag zuschicken, doch der erhielt es in dieser dramatischen Vorkriegszeit erst mit mehrmonatiger Verspätung, ohne Widmung. Im Brief nach Princeton, New Jersey, wo Thomas Mann zu dieser Zeit noch an der Universität Literaturlektionen »for the boys« hielt, schrieb er, was er »ungefähr« hineingeschrieben hätte: »Dem Einzigen, der mir nahe ist.«

Die Antwort Thomas Manns verrät dieselbe brüderliche, gedankliche und schriftstellerische Nähe: »Der Roman ist vor ein paar Tagen endlich angekommen: ich lese Tag und Nacht darin, tags in jeder freien Stunde und abends in der Stille, bevor ich das Licht lösche, was unter diesen Umständen spät geschieht. Das Gefühl festlich erregender Außerordentlichkeit verlässt einen nie bei dieser Lektüre, das Gefühl, es mit dem Besten, Stolzesten, Geistigsten zu tun zu haben, das die Epoche zu bieten hat. Man wird sich gewiss einmal wundern, wie sie in all ihrer Erniedrigung doch dergleichen hervorbringen konnte – zum Zeichen, dass es mit all ihrem zur Schau gestellten Schwachsinn und ihren Verbrechen nicht soviel auf sich hat und der Menschengeist unterdessen seinen Weg weitergeht und seine Werke schafft, im Grunde ungestört.

Das Buch ist groß durch Liebe, durch Kunst, Kühnheit, Freiheit, Weisheit, Güte, überreich an Klugheit, Witz, Einbildungskraft und Gefühl, wunderschön, Synthese und Resume Deines Lebens und Deiner Persönlichkeit. Man sage, was man wolle: solches Wachstum und solches Werden aus dem Sein, solche Dauer und solches Ernten ist nur europäisch ...«

Diese Zeit der Freude und des Glücks über die vollbrachte Arbeit endete jäh mit dem Kriegsausbruch und dem rasch näher kommenden Krieg. Frankreich war von heut auf morgen ein von den deutschen Faschisten besetztes Land. Noch hielt es Heinrich Mann für gewiss: »Frankreich bleibt niemals lange weder verkauft noch verraten.« Der große Realist und Rationalist sah die Gefahr zu gering für sich und die Seinen und zögerte die Flucht von Tag zu Tag und Stunde zu Stunde hinaus. Er wollte nur in der allergrößten Not sein »Henri«-Land und den Kontinent Europa verlassen. Dann erreichte er gerade noch in letzter Stunde, als die Gestapo und französische Büttel schon ihm nahe stehende Dichter, Denker und Politiker ergriffen und in Konzentrationslager verschleppten, nahe Marseille ein verstecktes Chalet. Dort wartete Freund Lion Feuchtwanger auf ihn und andere verspätete Flüchtlinge – ein waghalsiger Kolumbus der Neuzeit mit wer weiß welchen Befugnissen, Papieren und Barschaften, der den rettenden Weg nach Amerika wusste und wies.

Lion Feuchtwanger schilderte später das »abenteuerliche Fluchtprojekt«, wie er es nannte, in seinen Exil-Erinnerungen:

»Ich musste den damals neunundsechzigjährigen Heinrich Mann fragen: ›Sind Sie bereit, alles was Sie haben, im Stich zu lassen, einen Rucksack mit dem Allernotwendigsten auf die Schultern zu nehmen, 30 Kilometer durch die Nacht zu marschieren, auf verbotenen Wegen, und dann ein zweifelhaftes Motorboot zu besteigen? Dieses Motorboot soll uns, immer in Gefahr, von deutschen oder italienischen Schiffen geschnappt zu werden, mittels einer Reise, die der Kapitän auf sieben bis zehn Tage veranschlagt, um Spanien herum nach Lissabon bringen. Sind Sie, Heinrich Mann, bereit, mitzumachen?‹

Ohne sich eine Sekunde zu bedenken, sagte er: ›Ja.‹

Es galt dann noch eine Reihe ähnlicher Entscheidungen zu treffen. Es galt, manche abenteuerlichen und lächerlichen Situationen zu überstehen, Situationen, für die wir keineswegs erzogen und vorbereitet waren. Unvergesslich wird mir die Selbstverständlichkeit bleiben, die höchst würdige Haltung, welche Heinrich Mann im Gegensatz zu vielen anderen in all diesen Situationen gezeigt hat.«

Statt der Schiffsreise, die dann doch an dem »zweifelhaften Motorboot« scheiterte, musste der gefährliche Weg über das Pyrenäengebirge gewählt werden. Heinrich Mann schrieb abends am spanischen Grenzort noch eine Verfügung auf ein Notizblatt über seine Hinterlassenschaften an fernen unsicheren Orten, was als »Testament« gelten sollte. Frühmorgens begann für ihn der beschwerliche Aufstieg, über den Franz Werfel, der mit dabei war, berichtete: »Nelly Mann hatte ihren alten Mann mehr getragen als geführt, ihre Strümpfe hingen wegen der Disteln am Wege in Fetzen von ihren blutenden Waden.«

Mit dem Zug ging es weiter nach Barcelona und per Flugzeug nach Lissabon, wo sie noch am 4. Oktober 1940 den griechischen Dampfer »Nea Hellas« zu seiner wahrscheinlich letzten Ozean-Überquerung erreichten. Denn auch Griechenland war bald ein von Nazideutschland besetztes Land. In seinem Bekenntnisbuch »Ein Zeitalter wird besichtigt« beschreibt er diesen Abschied: »Der Blick auf Lissabon zeigte mir den Hafen. Es wird der letzte gewesen sein, wenn Europa zurückbleibt. Er erschien mir unbegreiflich schön. Eine verlorene Geliebte ist nicht schöner. Alles, was mir gegeben war, hatte ich in Europa erlebt, Lust, Schmerz eines seiner Zeitalter, das meines war; aber mehreren anderen, die vor meinem Dasein liegen, bin ich auch verbunden.«

Für Heinrich Mann begann erst im Exilland USA das wirkliche Exil und die Fremde. Zuerst nahm er es noch leicht und heiter: »Da wird's ja wohl nur Schnellrestaurants geben.« Doch er wusste, vieles und fast alles war anders als im heimatlichen Lübeck, Berlin, München und im geliebten Frankreich, überhaupt in

Europa, als dessen literarischen Gesandten und Vermittler er sich nun bestenfalls sah. »Please, spell your name« – den Namen zu buchstabieren, forderte man die Ankömmlinge auf. Heinrich Mann war dort bei den allerwenigsten als der grandiose Romancier, Essayist, Publizist und einer der führenden Köpfe des antifaschistischen Widerstands bekannt. »Amerika kennt mich fast so wenig, wie ich es kenne«, wusste und sagte er auch. Einsamkeit, kulturelle Öde, Wirkungslosigkeit und Trennung von Freunden und liebgewordenen Gewohnheiten erwarteten ihn, als er nach kurzem Aufenthalt in New York und Princeton bei seinem Bruder Thomas in das kalifornische Los Angeles und die Filmstadt Hollywood kam. Wie viele geflüchtete deutsche, österreichische und jüdische Schriftsteller aus anderen Ländern erhielt er dort bei einer der Filmgesellschaften einen Jahresvertrag – als »Filmautor«, der er ja im früheren Leben mit dem sehr erfolgreichen »Blauen Engel« auch gewesen war. Er hatte in Hollywood täglich acht Stunden in einem »Studio« abzusitzen, wöchentlich ein paar beschriebene Seiten abzuliefern und sich sonst Filme anderer anzusehen und zu besprechen. »Allenfalls könnte ich sprechen, ohne anzusehen«, spöttelte er. Ohne genügend Englisch zu können, ohne richtig im Filmgeschäft bewandert zu sein, war er im Grunde voller Verachtung für dieses Gewerbe. Obwohl er Versuche unternahm und unter anderem einen Entwurf für einen »Lidice«-Film vorlegte, wurde ihm nie die Chance gegeben, einen Filmstoff ernstlich durch die Instanzen zu bringen und mit einem Team zu realisieren. Da er trotzdem wöchentlich einen 100-Dollar-Scheck erhielt und auch für seine in der Sowjetunion veröffentlichten

Romane mehrmals Honorarzahlungen überwiesen bekam, hatte er wenigstens in der ersten Zeit keine materiellen Sorgen. Er konnte es sich leisten, in einem der hölzernen Leichtbauhäuser zu wohnen, ein Auto zu kaufen, was auch bei den dortigen Straßen ohne Fußwege und normalen Fußgängerverkehr nötig war, und sich mit Freunden und Kollegen zu treffen.

Doch der Filmvertrag endete nach einem Jahr und damit das regelmäßige Einkommen, aber neue Buchveröffentlichungen im von Nazis beherrschten Europa kamen nicht hinzu, auch keine sonstigen Einkünfte. Während von Thomas Mann die wichtigsten Werke in den USA übersetzt und herausgegeben wurden, erschien von Heinrich Mann in all den Exiljahren dort nicht ein einziges Buch. Nach dem faschistischen Überfall auf die Sowjetunion brach dorthin zeitweilig der Kontakt ab, und Honorarzahlungen verzögerten sich, die oft die letzte Hoffnung waren. Notgedrungen musste seine Frau Nelly auf Jobsuche gehen und als Krankenschwester in einem Hospital anstrengenden Dienst leisten. Er fand es beschämend, dass er dennoch seinen Bruder Thomas immer wieder um Hilfe bitten musste – wegen Alltäglichkeiten, hohen Arztrechnungen oder Mietkosten, die er nicht zahlen konnte. Verzweifelt schrieb seine Frau an Freunde: »Jetzt ist es uns nicht möglich, das Essen für Morgen zu beschaffen. Wie kann man da arbeiten? Meine sämtlichen Schmucksachen sind hin. Bis zum 1. Dezember habe ich unser Haus bezahlt, dann sitzen wir ohne Wohnung – wenn nicht ein Wunder geschieht. Hier ist es unmöglich, sich etwa Vorschuss oder sonstige Hilfe auf Arbeiten zu beschaffen (was ich ohne Wissen meines Mannes tun würde) – hier sind wir unter lauter Raben. Alle sind neidisch auf jeden Ankömmling. Verkehr haben wir kaum gefunden unter den Geschäftlhubern und sonstigen Neidern. Wie habe ich mir Amerika anders gedacht.«

Geldschwierigkeiten gab es fortan dauernd, dazu Passprobleme, engstirnige nationalistische Beleidigungen, Abschiebe-Drohungen und zwielichtige Provokationen gegen deutsche Emigranten. »Schon bin ich anonym angerufen worden«, schrieb Heinrich Mann seinem Bruder. »Ich hätte sofort das Land zu verlassen. Telefon und Haus stehen jetzt unter Polizeiaufsicht. In siebeneinhalb Jahren Frankreich ist der Fall nie eingetreten, trotz Krieg und Niederlage. Dafür ist Los Angeles mit seinen Waffenfabriken überfüllt mit Nazi-Spionen. Einer war aus der Filmindustrie entlassen worden: die Kriegsindustrie hat ihn angestellt. Die Welt will sein wie sie ist; zu ihren kleinen Schwächen sagt sie ein Ja.«

Er würde jedoch vermutlich Nein gesagt haben, wenn er bis ins Letzte gewusst hätte, was rings um ihn und mit ihm in dieser Welt geschah. Wie alle, die vor den Nazis geflüchtet und in dem gelobten Land aufgenommen worden waren, konnte er nicht ahnen, dass er im Geheimen als fast noch schlimmerer Feind als ein Nazi angesehen, registriert und ausspioniert wurde – als ein UN-AMERICAN. Dafür genügte, dass er irgendwann einmal in seinem Leben Kontakt mit »Communist Activities in Western Hemisphäre«, »Free German Activities«, »Communist Infiltration of the Motion Pictures Industrie«, »National Council of Americant-Sowiet Friendship« oder gar dem »Comintern Aparatus« hatte. Man musste keineswegs Kommunist oder Mitglied irgendeiner kommunistischen

Organisation sein, um dementsprechend eingeordnet und behandelt zu werden. Die Bekanntschaft mit solchen Personen und Organisationen oder auch nur private oder berufliche Nähe genügten, um all die Machenschaften in Gang zu setzen, über die das halbe Dutzend Geheimdienste der USA besonders in Kriegs- und Krisenzeiten verfügten.

Erst in jüngster Zeit ist einiges darüber ans Tageslicht gekommen, mit welch unglaublichem Eifer die amerikanischen Geheimdienste die deutschen Exilschriftsteller verdächtigt, verfolgt und ausspioniert haben. Fast alle waren Linksintellektuelle und eingeschworene Feinde der Nazis, die nun als Gefahr für Amerika beargwöhnt und gebrandmarkt wurden. Trotz der Vernunft im großen Krieg gegen Nazideutschland führte man im Geheimen einen niederträchtigen Kleinkrieg gegen Antifaschisten, der bis zu den inquisitorischen McCarthy-Verhören der »Committes on Un-Americans Activities« im Nachkrieg andauerte und wohl nie endete. Heute kann man erstaunlicherweise in Büchern (z. B. in A. Stephans »Im Visier des FBI« und H. Mittgangs »Überwacht – Große Autoren in den Dossiers amerikanischer Geheimdienste«) allerhand darüber lesen, wie man weltbekannten Schriftstellern jahrelang nachstellte, sie in Verruf und sogar in Existenznot brachte.

So erfährt man, dass sich über Heinrich Mann allein im Archiv des FBI über dreihundert »Akteneinheiten« aus den vierziger und fünfziger Jahren des vorigen Jahrhunderts angesammelt hatten, angelegt vom »Field Office des FBI« in Los Angeles, in Kooperation mit Special Agents in New York, San Francisco, dem texanischen El Paso und in Mexico-City – ein Drittel der Akten wurde nicht freigegeben, blieb also geheim. Weitere Aktenbestände wurden von anderen Geheimdiensten angelegt und teils zugänglich gemacht, so u. a. von dem »Intelligence und Security Command der US-Army« in Arlington, Virginia, dem »Immigration and Naturalization Service« sowie des »Office of Stratetic Services«. Seit dem Kriegseintritt der USA waren zudem sämtliche Briefe und Postsendungen von und an Heinrich Mann durch das »Office of Censorchip« und dem Büro des »Special Intelligennce Service« abgefangen, übersetzt und mit anderen Informationen aus Exilantenkreisen als »Vertraulich« und »Höchst vertraulich« klassifiziert, teils an höhere und höchste Stellen weitergeleitet worden.

Man lag ständig auf der Lauer, um die Lebensumstände Heinrich Manns und seiner Ehefrau zu erkunden, registrierte das Kommen und Gehen von Besuchern, die parkenden Autos vor der Haustür, gab Hinweise auf verdächtige Privatkontakte und abgehörte Telefongespräche – u. a. mit dem »companion subject« Bertolt Brecht. Sehr gründlich und über Jahre hinweg forschte man auch den Beziehungen Heinrich Manns zu dem Schriftsteller Ludwig Renn und dem Politiker Paul Merker nach, die beide in Mexiko für die linksorientierte »Free-Germany«-Bewegung tätig waren.

Immerhin kam dabei der »Examiner« bei der Postzensur zu der Erkenntnis, dass Ludwig Renn »a communist suspect in Mexico (ein verdächtiger Kommunist)« sei und die gesamte Bewegung »Freies Deutschland« nichts anderes als »a cover for communistic activity (ein Mäntelchen für kommunistische Betätigung)«.

Die antikommunistischen Eiferer gaben keine Ruhe und wurden gegen Kriegsende erst recht aktiv, als Heinrich Mann seinen berühmten Aufruf »An das Volk von Berlin« verfasste und an Freunde in den USA und Mexiko sandte. Man stürzte sich auf den Text, stellte grell jene Passagen heraus, die in Deutschland eine Vertreibung der Geldhyänen, Junker und Herren des Großen Generalsstabs forderten, die Hitler und die Seinen finanziert hatten. Es war noch kein Frieden, schon warf der Kalte Krieg seine Schatten voraus. Die Gedanken und Pläne Heinrich Manns und anderer Exilanten für eine Neuordnung in der Heimat wurden nun nicht nur intern verteufelt und verwünscht, sondern auch mit Hass und Hohn auf den öffentlichen Markt gebracht – in die beflissene Presse, ins Radio, bald über die Sender der Television: Auf ging's zum antikommunistischen Kreuzzug …

Im Grunde genommen hätten sich der ganze Aufwand der Geheimdienste, ihre Nachstellungen und Schnüffeleien erübrigt, da doch in den Büchern und Druckschriften der Exilanten, sofern sie noch veröffentlicht und verbreitet wurden, genug über ihre Ansichten und Absichten zu erfahren war. So konnte man beispielsweise der Zeitschrift *Freies Deutschland*, die auch das FBI abonnierte und studierte, in einem Artikel von Heinrich Mann seine Erklärung entnehmen, dass er in der Tat den »Sozialismus als Grundlage der Demokratie« ansehe. Und dass die Moskauer Zeitschrift *Internationale Literatur* sein Buch »Ein Zeitalter wird besichtigt« freundlich gewürdigt und zitiert habe. Und dass er dann noch – welch Todsünde! – kurz vor seinem 79. Geburtstag beabsichtigte, in die eben gegründete DDR zu reisen, überzusiedeln und dort das Amt des Präsidenten der Akademie der Künste zu übernehmen.

Das verschlug manchem Agenten-Boß und der Kalten-Krieger-Gilde wohl die Sprache, und erst lange nach seinem Tod im hohen Alter, der ihn an letzten Vorhaben und Absichten hinderte, holte man nochmals die FBI-Akte dieses Mannes hervor und fügte zur eigenen Entlastung und als Quintessenz all der «Investigation«-Jahre einen »Nachruf« hinzu, der in den Sätzen gipfelte: »Heinrich Mann war radikaler als sein Bruder Thomas.« Und: »Obwohl kein Mitglied der KP, so war er doch ein ›fellow traveller‹ von unbedingter Zuverlässigkeit und besaß das volle Vertrauen der Kommunistischen Partei.«

Ludwig Marcuse, Philosophie-Professor und Literat, der zu Heinrich Manns engstem Freundeskreis in Berlin und im französischen sowie amerikanischen Exil gehörte, mag von diesen schäbigen Observationen und Deklarationen gewusst haben oder nicht. Aus der Kenntnis des wahren und vollen Lebens und Wirkens Heinrich Manns heraus, schrieb er in seiner Autobiographie »Mein 20. Jahrhundert« so eingehend über jene Zeiten und Begebenheiten, als sehe er sich in der Pflicht, jeglicher ideologischen Missdeutung und Zwielichtigkeit entgegenzutreten und das Bild seines Freundes aus der Verdämmerung wieder ins hellste Tageslicht zu holen:

»Anfang der Zwanziger Jahre hatte ich zum ersten Mal neben ihm gesessen, im Haus eines Berliner Schriftstellers. Er war leise und sprach nur, wenn man ihn fragte, und dann wie gestochen … Im Jahre 1933 ging Heinrich Mann nicht nur in die Emigration – auch in den Süden Europas, seine Wahl-Heimat. Ich sah ihn oft: in seiner Wohnung in Nizza, in einem Café an der Place Massena, auf der Veranda unseres Häuschens in Sanaray, im Dorf bei der Fischerin, wo er Seeigel aß und seinen Rotwein trank. Man kannte ihn nicht. Er war ein Romantiker und ein Skeptiker und unerbittlich gegen die Herren Deutschlands und die, welche sie zur Herrschaft gebracht hatten; er war sowohl gegen die Barone vom Langnam Verein als auch vom Comite de Forges. Er sagte: die Feinde meiner Feinde sind meine Freunde … und schloss sich der Sowjetunion an.

Aber er schrieb mir in jenen Jahren, von Nizza nach Sanary: ›Wenn ich nun solange standhielte, dass ich einem Wiederaufbau der Vernunft noch beiwohne, würde ich inzwischen doch gelernt haben, dass gute Zeiten begrenzt sind, wie übrigens auch die schlechten.‹ Und in einem anderen Brief steht: ›Alles, was die Vernunft betrifft, bleibt fragwürdig, die Besten besitzen sie nur halb und es geht mit ihr bald vorbei. Dies zur Berichtigung, wenn Sie geglaubt haben sollten, ich wäre von blinder Zuversicht.‹ Unter denen, welche einen Pakt mit Moskau schlossen, war er der wenigst Blinde: voll Zweifel und zugleich militant, wie der große Georg Büchner.

In Amerika kam er mit siebzig an, kannte niemand, und niemand kannte ihn. Die Sprache blieb ihm fremd, und er las noch einmal den ganzen Voltaire und den ganzen Gerstäcker; ob er je ein amerikanisches Buch gelesen hat, weiß ich nicht. Seine Hoffnung, ein neues Deutschland aufzubauen, war zerronnen. In Frankreich war er sehr aktiv gewesen, als Dichter und Politiker: ebenso mit seinen Leitartikeln für die Depeche de Toulouse wie mit dem großen

Werk ›Henri Quatre‹, das von Hindenburg bis Goebbels viele Zeitgenossen unter historischen Masken einbalsamiert hat – und unter dem Namen des französischen Heinrich des deutschen Heinrich kürzeste Autobiographie enthielt: ›Seine Natur blieb heiter und maßvoll über ihren eigenen Abgründen. Aber er weiß, eine Gattung Mensch will das nicht, und gerade ihr soll er begegnen, bis ans Ende.‹ Im kalifornischen Santa Monica, seiner letzten Stätte, blickte er nur noch zurück. Er war zu vernünftig, um zu verzweifeln. Schließlich war er 1945 auch noch zu vernünftig, um sich vorzumachen, dass er gesiegt hatte.

Die Deutschen brachten nach dem Ende des zweiten Krieges abermals den ›Untertan‹ heraus. Heinrich Mann sagte: ›Immer wenn sie einen Krieg verlieren, drucken sie meinen *Untertan*.‹ Er war der Ansicht, das ist zu billig. Er wusste zuviel. Er zog sich, nun auch in seinen Sätzen unzugänglich, in einen gläsernen Turm zurück. Schließlich schrieb er ein Buch, das kaum noch zu entziffern war. Ich versuchte es, mit seiner Hilfe. Er sagte, in der lakonisch kühlen Art, die er hatte, soweit ich zurückdenken kann: ›Heute morgen erhielt ich die Kritik eines dänischen Journalisten über den *Atem*. Er meinte, meine Hauptfigur stelle das Frankreich dar, das nicht mehr ist. Eine sehr schöne Idee, ich habe noch nie daran gedacht.‹

Er öffnete die Tür seiner kleinen Wohnung nicht mehr – außer Menschen, die ihren Namen laut rufen mussten, wenn sie anklopften. Er wurde nicht aus dem Leben gerissen, als er starb.«

VIII. So auch floh Brecht

Homer hatte kein Heim
Und Dante musste das seine verlassen.
Li-Po und Tu-Fu irrten durch Bürgerkriege
Die 30 Millionen Menschen verschlangen
Dem Euripides drohte man mit Prozessen
Und dem sterbenden Shakespeare hielt man den Mund zu.
Den Francois Villon suchte nicht nur die Muse
Sondern auch die Polizei.
»Der Geliebte« genannt
Ging Lukrez in die Verbannung
So Heine, und so auch floh
Brecht unter das dänische Strohdach.

Bertolt Brecht, der dieses Gedicht nach seiner Flucht aus Deutschland schrieb, ist in seinem Leben dreimal zur Unperson erklärt worden, was soviel bedeutet, als hätte man ihn dreimal totgesagt. Erstens haben ihn die Nazis zu einem ihrer verhasstesten Gegner erklärt, ihn ausgebürgert, seine Werke verboten und verbrannt.

Zweitens haben ihn das FBI und andere Geheimdienste der USA im dortigen Exil acht Jahre wie einen Kriegsfeind behandelt und zu Beginn des Kalten Krieges in einem inquisitorischen McCarthy-Verhör mit amerikanischen Nazi- und Kriegsgegnern in aller Öffentlichkeit brüskiert und kriminalisiert.

Drittens wurden er und seine Werke von den Machthabern in Deutschland-West und ihren literarischen Liebedienern geschmäht und verfemt, weil er sich bis zum Ende seines Lebens zum Sozialismus und zur DDR bekannte.

Dennoch oder gerade deshalb gehörte, was Brecht geschrieben hatte, nach dem Krieg für uns Schuljungen zu den tollsten und wichtigsten Neuigkeiten. Es begann schon mit dem Abenteuer, damals eines seiner Bücher oder auch nur einzelne Gedichte und Geschichten zu bekommen. Ein Theaterstück von ihm in Dresden auf einer Bühne zu sehen, daran war lange nicht zu denken. Noch schwerer, etwas über ihn und sein Leben zu erfahren. Was war er für ein Mensch? Wie kam es dazu, dass er vieles so direkt, deutlich und treffend zu sagen wusste, dass es einem unter die Haut ging? Eine Biographie oder dergleichen hatte damals noch keiner über ihn geschrieben, obwohl er es – wie wir meinten – ganz besonders verdient hätte. Er war und blieb für uns der Allerbeste, ein Vorbild, egal, was andere berühmte Autoren dazu sagten. Zum Beispiel Thomas Mann: »Er ist ein Ekel, aber begabt.« Oder der mit ihm zeitweilig eng befreundete Max Frisch: »Man kann Brecht nicht loben, ohne sich lächerlich zu machen, weil sein Werk mehr von unsereinem erwartet als Verehrung.«

Ein paar Jahre später erzählte Hans Mayer, unser Leipziger Literaturprofessor, zum größten Erstaunen aller im durch ihn berühmt gewordenen Uni-Hörsaal 40, dass er Bertolt Brecht in seiner Berliner Wohnung besucht habe, als sei das eine gar nicht besonders hervorhebenswerte Sache. Sehr angenehm und freundlich sei der Empfang gewesen, seine Art zu diskutieren und das Gespräch auch mit anderen Gästen, ohne jede Anmaßung und Eitelkeit. Hans Mayer sei von ihm bei seinem Kommen – pünktlich zur abgemachten Uhr-

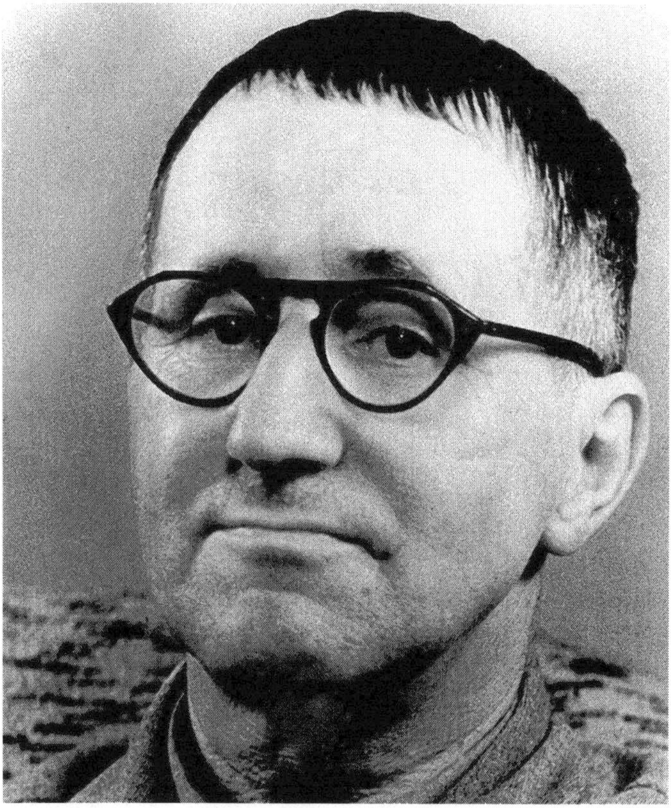

Bertolt Brecht (1898-1956)

zeit – am Gartentor empfangen und herzlich begrüßt worden, auch beim Gehen habe Brecht ihn wieder zum Tor gebracht und freundlich ein neues Treffen verabredet.

Damit erfuhren wir zwar nichts Besonderes und Außergewöhnliches, doch deshalb erweckte es gerade noch mehr unsere Neugier. Immerhin wussten wir nun, dass er kein Fabelwesen, sondern ein Mensch von Fleisch und Blut war, und hier bei uns lebte. In der DDR – das war für uns das Allerwichtigste. Danach, man mag es lächerlich finden, richteten wir zeitweilig unser alltägliches Leben, Lernen und das Lesen sowieso ein, mancher sogar seinen Haarschnitt, die Kleider- und die Mützenmode, nachdem Fotos endlich von ihm in Zeitungen zu sehen waren. Das hieß aber auch, nun noch intensiver Jagd auf seine Bücher und jeden Zeitungsartikel über ihn zu machen.

Von Persönlichem und Autobiographischem kannte man zunächst – und noch lange nach seinem Tod – kaum mehr als Tagebuchnotizen und Fragmente aus frühen Jahren, nichts jedoch von dem umfänglichen »Arbeitsjournal 1938-1955«, das erst 1973 von Helene Weigel zur Veröffentlichung freigegeben wurde. Wie es hieß, hätte es Bedenken und Einsprüche wegen der gewiss oft sehr subjektiven Meinungen und schonungslosen Auseinandersetzungen mit noch lebenden Personen in Ost und West (speziell mit Thomas Mann und dessen Familie) gegeben. Nach dem Erscheinen des Buches hagelte es deshalb tatsächlich scharfe Attacken, doch vieles davon war der Kriegszeit, später dem Kalten Krieg und den sehr unterschiedlichen Sichten zum 17. Juni 1953, überhaupt zur DDR und der sich immer mehr verschärfenden Gegnerschaft von Ost und West geschuldet. Im Grunde scherte sich das »Arbeitsjournal« nur wenig um Privates und persönliche Querelen.

Schon im Vorspruch hieß es ausdrücklich: »Dass diese Aufzeichnungen so wenig Privates enthalten, kommt nicht nur davon, dass ich selbst mich für Privates nicht eben sehr interessiere.« Deshalb beabsichtige er nicht, andere »als literarische Themen zu wählen«. Wobei für ihn Literarisches nicht von Personen zu trennen war, die Literatur schufen und solchen, für die sie geschaffen war, und die Kunst gleich gar nicht von der Politik. Er sah dies alles in unmittelbarer Verbindung und gegenseitiger Einwirkung, als gesellschaftlichen Prozess, dem er sich stellte. Das war Gegenstand seiner Welt- und Kunstbetrachtung, seiner »Arbeit«, damit auch der mehr oder minder regelmäßigen täglichen Notierungen im »Arbeitsjournal« – nahezu ohne jegliche private oder politische Rücksichten und Abstriche.

Damit steht Brecht, der sich zwar, anders als Tucholsky, nicht sonderlich für den Professor Lichtenberg aus klassischen Zeiten begeisterte, dennoch deutlich in der Tradition von dessen aufklärerischen »Sudelbüchern«, notierte er doch ebenfalls merkwürdige Ereignisse und Begegnungen mit Personen sowie Gedanken zu Kunst, Wissenschaft und Politik offenherzig in seinem Journal. Möglicherweise hatte Brecht nie an eine weitere literarische Verarbeitung oder spätere Veröffentlichung gedacht, doch Helene Weigel sah dies nach seinem Tod, angesichts wachsenden Interesses und weltweiter Wirkung bei andauernden Anfeindungen als Erfüllung eines mehr als persönlichen Vermächtnisses an. Waren diese Aufzeichnungen doch das authentische Zeugnis über fast zwei Jahrzehnte des phänomenalen Lebens B. B.'s in dramatischen Zeiten – Flucht und Exiljahre in Dänemark, Schweden, Finnland und in den USA, nach Kriegsende 1947 angeklagt als »Kommunist« vom »Ausschuss für unamerikanische Betätigung«. Dann die Flucht zurück nach Europa, Paris, Zürich.

Max Frisch, der damals als Architekt in seiner Schweizer Heimat tätig war und dem Flüchtling auf dem Weg nach Hause beim Zwischenaufenthalt in Zürich zur Seite stand, hatte ihm da auch seine städtischen Bauten gezeigt. »Zwischen den Häusern ein bißchen Grün, im Inneren ›Komfort‹ (Badewanne, elektrische Kochöfen), aber alles winzig, es sind Gefängniszellen, Räumchen zur Wiederherstellung der Ware Arbeitskraft, verbesserte Slums«, so die B.B.-Notiz vom Juni 1948 im »Journal«.

Und Frisch stimmte im Grunde diesem Urteil über die kapitalen Bausünden zu und schrieb in sein später ebenfalls berühmt gewordenes Tagebuch das berühmte Urteil über B. B.: »Die Faszination, die Brecht immer wieder hat, schreibe ich vor allem dem Umstand zu, dass hier ein Leben wirklich vom Denken aus gelebt wird. Seine Haltung, und bei Brecht ist es wirklich eine Haltung, die jede Lebensäußerung umfasst, ist die tägliche Anwendung jener denkerischen Ergebnisse, die unsere gesellschaftliche Umwelt als überholt, in ihrem gewaltsamen Fortdauern als verrucht zeigen, so dass diese Gesellschaft nur als Hindernis, nicht als Maßstab genommen werden kann.«

Brecht kam zurück ins zerbombte Berlin, wo er endlich in dem von ihm begründeten Theater den Vorhang für seine Stücke aufgehen sah, die sich im Reisekoffer (in »jener Phase der vernichtenden Nichtverwertung«) angesammelt hatten: »Mutter Courage«, »Herr Puntila und sein Knecht Matti«, »Die Mutter« nach Gorkis Roman, »Das Verhör des Lukullus«, »Der Kaukasische Kreidekreis« und noch Stücke wie Lenzens »Hofmeister«, Bechers »Winterschlacht«, Anna Seghers' »Der Prozess der Jeanne d'Arc«, Strittmatters »Katzgraben«, um die er allesamt stritt und sich mühte, als wären es seine eigenen.

Brecht schrieb am 11. 11. 48, wenige Wochen nach seiner Berlin-Heimkehr, ins »Arbeitsjournal«: »Es steigt eine merkwürdige Aura von Harmlosigkeit von der Bühne auf bei allen Proben, als hätte Hitler auch die Bösartigkeit der Deutschen verbraucht ...«

Am 9. 12. 48: »Allenthalben macht sich in dieser großen Stadt, in der immer alles in Bewegung ist, wie wenig und provisorisch das alles geworden sein mag, die neue deutsche Misere bemerkbar, dass nichts erledigt ist, wenn schon alles kaputt ist. Die mächtigen Impulse werden von den Russen gegeben, aber die Deutschen tummeln sich mehr in dem Strudel, der dadurch entsteht, dass die anderen Besatzungsmächte sich dem Strudel widersetzen. Die Deutschen rebellieren gegen den Befehl, gegen den Nazismus zu rebellieren; nur wenige stehen auf dem Standpunkt, dass ein befohlener Sozialismus besser ist, als gar keiner.«

11. 12. 48: »Wird es wieder die Katalanische Geisterschlacht, weicht wieder der Kampf aus in die kulturellen Gefilde, so kann auch dies nicht ohne Dazutun gemacht werden, wenigstens diese Schlacht muss über ganz Deutschland gekämpft werden. Die Literatur kann sich nicht hinter die Elbe zurückziehen und lediglich eine von den Russen militärisch (und polizeilich) verteidigte Musterprovinz aufbauen helfen, das übrige Deutschland kann nicht durch eine Mustermesse zur Revolution gebracht werden. Die Literatur muss sich engagieren, sich in den Kampf bringen über ganz Deutschland und einen revolutionären Charakter haben, ihn auch äußerlich, in den Formen, zeigen.«

Kein Widerruf Brechts ist je auf dieses Bekenntnis zum Sozialismus, dem notfalls auch befohlenen, zur Revolution und kämpferischen Literatur für ganz Deutschland erfolgt – nicht in diesem »Arbeitsjournal«, nicht hinter vorgehaltener Hand und gleich gar nicht in seinen Werken oder etwa im Taumel und Trubel des 17. Juni 1953.

Dazu schrieb er jedoch denkwürdige Sätze ins »Journal«, schonungslos kritisch, weitaus treffender als das Zeitungsgeschwätz und die meisten Bücher, die seither in Ost wie West darüber verfasst worden sind: »Der 17. Juni hat die ganze Existenz verfremdet, in aller ihrer Richtungslosigkeit und jämmerlichen Hilflosigkeit zeigen die Demonstrationen der Arbeiterschaft immer noch, dass hier die aufsteigende Klasse ist. Nicht die Kleinbürger handeln, sondern die Arbeiter … Deshalb empfand ich den schrecklichen 17. Juni als nicht einfach negativ. In dem Augenblick, wo ich das Proletariat – nichts kann mich bewegen, da schlaue, beruhigende Abstriche zu machen – wiederum ausgeliefert dem Klassenfeind sah, dem wieder erstarkenden Kapitalismus der faschistischen Ära, sah ich die einzige Kraft, die mit ihr fertig werden konnte.«

Diese Sätze lesen sich jetzt anders als in den Zeiten der klar abgegrenzten Welten – Sozialismus oder Kapitalismus, diese Menschheitsfrage schien ein für allemal entschieden zu sein. Bestürzt erleben wir nun tatsächlich, dass wir dem erstarkten Kapitalismus erneut brutal und global ausgeliefert sind mit all seinen Kriegen und Krisen. Desto mehr fasziniert Brechts schonungslose Klarsicht und Voraussicht, zugleich seine feste Hoffnung auf die Kräfte gegen die bis heute nicht erledigten Bedrohungen.

Bemerkenswert dabei seine Nähe zu Zeitgenossen wie Heinrich Mann, Chaplin, Laughton, Feuchtwanger, Eisler, Kisch, Anna Seghers, Ludwig Renn, Frisch und andere, keineswegs nur Parteigenossen, doch allesamt Anti-Antibolschewisten, wie sie und sich Kurt Tucholsky nannte.

Es lohnt, in Brechts Tagebuch, seinem Arbeitsjournal, zurückzublättern und sich zu vergegenwärtigen, dass dies, was uns jetzt geschieht, von ihm und den anderen Kommunisten und Antifaschisten damals in den USA oder anderen Exilländern nahezu in gleicher Weise erlebt und erlitten worden war.

21. 7. 1941: »Wir kommen in San Pedro, dem Hafen von Los Angeles, an.« Er landete in Amerika, nicht wie Kolumbus, der vom Westen her kam, sondern vom Osten, aus der Sowjetunion. Ob das nicht schon verdächtig genug war?

Eine Woche darauf seine Tagebuchnotiz: »Fast in keinem Land ist mir das Leben schwerer geworden als hier in diesem Schauhaus des easy going. Das Haus ist hübsch, mein Beruf ist hier Goldgräbertum, die Glückspilze waschen sich hier aus dem Schlamm faustgroße Goldklumpen, von denen dann lange die Rede ist, wenn ich gehe, gehe ich auf Wolken wie ein Rückenmärkler.«

Von Heinrich Mann kannte er das Wort: »Die Feinde meiner Feinde sind meine Freunde.« Die schlimmsten Feinde waren für ihn und seine Freunde die Nazis – in Amerika angekommen, waren sie alle wegen dieser Gesinnung dort nicht Freunde, sondern für viele Verdächtige, für einige sogar Feinde, von Misstrauen und Feindseligkeit verfolgt. Ihre Briefe wurden kontrolliert, gegenseitige Besuche observiert, die parkenden Autos vor der Haustür gezählt, Autonummern notiert und sogar Angaben über Einkäufe, Geldausgaben, Kleidung, Schlips, Hut und sonstigen Kleinkram notiert und archiviert.

Brecht besuchte Feuchtwanger, den alten Münchener Freund, in seiner Los-Angeles-Villa am 27. 10. 41, darüber schreibt er im »Arbeitsjournal«: »Die Nazis dringen in die Krim ein, bedrohen den Kaukasus, Leningrad und Moskau, die Engländer schauen beunruhigt zu, aber Feuchtwanger zeigt alleräußerstes Erstaunen, wenn jemand daran zweifelt, dass die Russen noch siegen könnten. Ein Zweifel daran erscheint ihm reiner Aberwitz. Ich freue mich sehr.«

Am 3. 12. 41 ist er wieder bei Feuchtwanger, auch Heinrich Mann, Kortner und Marcuse sind da: »Man ist etwas irritiert über den schlechten Start der englischen Libyen-Offensive, die mit solchem Trompetengeschmetter losrollte. Feuchtwanger ist optimistisch, meint, am Ende werde Nazi-Rommel doch geliefert sein, die Engländer arbeiten langsam, ohne showmanship, without expenses in reason usw. Ich selber meine, dass keine Waffe so jung sein kann, dass sie nicht versagen muss in den Händen einer Klasse, die so alt ist wie die englische Aristokratie. Dann unterstützt mich der alte Heinrich Mann strahlend, als ich unterstreiche, wie die erste militärische Niederlage der Nazis, die im Donezbecken, verknüpft ist mit dem Widerstand der Rostower Zivilbevölkerung, über die sich die Nazis jammernd beschweren. Die Rostower scheinen die Panzertruppen mit Bratpfannen in den Stiegenhäusern erschlagen zu haben. Sie nehmen den Krieg als Privatsache, und da sie Waffen haben – die Nazis nennen das empört ungesetzlich. Und Mann sagt vergnügt: ›Ja, Tanks sind erlaubt, aber nicht Bratpfannen.‹ – Er geht allwöchentlich stempeln, holt sich 18.50 $ Arbeitslosenunterstützung ab, da sein Kontrakt mit der Filmfirma wie der Döblins abgelaufen ist. Er ist über 70. Sein Bruder Thomas baut sich eben eine große Villa.«

21. 1. 42: »Merkwürdig, ich kann in diesem Klima nicht atmen, die Luft ist völlig geruchlos, morgens und abends gleich, im Haus wie im Garten, und es gibt keine Jahreszeiten. Überall gehörte es zu meinen Morgenverrichtungen, mich aus dem Fenster zu beugen und Luft zu schnappen; hier habe ich diese Verrichtung gestrichen. Da ist weder Rauch noch Grasgeruch zu haben. Die Pflanzen kommen mir vor wie die Zweige, die wir als Kinder in den Sand steckten; zehn Minuten später hingen die Blätter welk herab. Immerfort wartet man, auch hier könne die Bewässerung plötzlich abgestellt werden, und was dann?« Und noch am selben Tag sah er »oberflächlich« sein Journal durch und stellte fest, dass er wegen »unerwünschter Leser« seine Notizen »recht distortiert (verzerrt, verdreht)« zu Papier gebracht habe. »Und ich werde Mühe haben, diese Anhaltspunkte wirklich einmal zu benutzen. Da werden gewisse Grenzen eingehalten, weil eben Grenzen zu überschreiten sind.«

Einen Monat darauf, am 19. 2. 42, notierte Brecht im Journal, dass er einen Aufruf Ludwig Renns in der in Mexiko erscheinenden Zeitschrift »Freies Deutschland« über die gleichnamige Bewegung gelesen hatte. Er zitierte daraus den Satz: »Thomas Mann sagte jüngst in einer Rundfunkrede in San Francisco, dass das deutsche Volk zu seinen demokratischen Traditionen zurückkehren werde, die Bewegung ›Freies Deutschland‹ wünscht nichts sehnlicher, als für diese Entwicklung zu wirken.« Es gab auch Anrufe und einen Briefverkehr von und nach Mexico mit deutschen Schriftstellern dieses »Free German Committees«. Und prompt setzten zur selben Zeit erhöhte Observationen durch die FBI-Zentralen in Los Angeles und Mexico-City ein, die besonders die politisch engangiertesten deutschen Schriftsteller im Auge hatten. In einer sogenannten »National Censorship Watch List« wurde, wie aus jetzt geöffneten FBI-Akten ersichtlich ist, Brecht mit sechs anderen vom Problemfall »G« (German) zum Fall »R« (Radikal) hochgestuft, was fortan dessen weitaus intensivere Überwachung bedeutete. Als Begründung wurde in den Akten vermerkt: »KP-Beziehungen« und Nähe des »Subjekts« zum »Free German movement, wich aims at pro-Russian postwar German government (Bewegung Freies Deutschland, die der Vorbereitung einer pro-russischen Nachkriegsregierung dient)«. Für Brecht bereitete der FBI-Chef von Los Angeles zusätzlich ein Internierungsverfahren vor, was Deportation bedeutet hätte, und fügte dem B.-B.-Dossier noch eine beträchtliche Anzahl literarischer Texte – »revolutionary poetry and drama« – als Beleg für dessen Gefährlichkeit bei. Denn Brecht trete nicht nur für die Errichtung eines »Communist state« ein, sondern propagiere auch Sabotage und die Zerstörung von amerikanischem Eigentum.

Offenbar verzögerte und zerschlug sich aber diese Extratortur des FBI gegen Brecht angesichts des Kriegseintritts der USA, des Frontverlaufs in Ost und West und der Sorgen an der amerikanischen Heimatfront wegen wirklicher Agenten und Spione, die offensichtlich nicht aus deutschen Emigrantenkreisen kamen. Brecht war politisch viel zu wach und erfahren, um nicht zu wissen, was rings um ihn geschah. Es bedrückte ihn zusehends, er schrieb am 30. 3. 42 ins

Tagebuch: »Die Elemente der Lebensweise hier sind unedel, es muss die Unwürdigkeit der Produktionsweise sein, die da alles banal macht. Hier, wenn irgendwo, wäre Distanz nötig, aber niemand respektiert sie. Das Essen, das Betrachten der Landschaft, das Gespräch, das Schreiben eines Buches, das Lesen eines Buches, die Geschäfte, all das hat hier noch einen andern Zweck, keinen ganz gut riechenden und ist so nicht würdig und nicht zulänglich in sich.«

5. 4. 42: »Hier Lyrik zu schreiben, selbst aktuelle, bedeutet: sich in den Elfenbeinturm zurückzuziehen. Es ist, als betreibe man Goldschmiedekunst. Das hat etwas Schrulliges, Kauzhaftes, Borniertes. Solche Lyrik ist Flaschenpost, die Schlacht um Smolensk geht auch um die Lyrik.«

12. 4. 42: »Und Tag und Nacht tobt auf den Schneefeldern von Smolensk der Kampf um die Würde des Menschen.«

21. 4. 42: »Zum erstenmal seit zehn Jahren arbeite ich nichts Ordentliches, als Resultat von alldem und mit den zu erwartenden Folgen. Ich erinnere mich nicht eines frischen Atemzuges in allen diesen Monaten, als säße ich einen Kilometer tief unter dem Boden, ungewaschen, unrasiert, wartend auf den Ausgang der Schlacht bei Smolensk.« Und kommentarlos, scheinbar emotionslos am 29. 5. 42: »Abends Kline mit Frau und Schwager da, als 2 FBI-Leute kommen und mein Registrationsbüchlein einsehen, anscheinend Kontrolle wegen des Curfews (Ausgangssperre für Deutsche).«

Weiterhin wurden das Haus, das Kommen und Gehen permanent beobachtet, die Postsendungen zensiert, die Autofahrten verfolgt und das Telefonieren abgehört, obwohl offiziell keine Abhörorder vorlag. Es galt auch als ziemlich sicher, dass es »Abhörwanzen« in der Wohnung gab. Helene Weigel und Feuchtwangers Frau lasen sich hin und wieder am Telefon gegenseitig aus Kochbüchern Rezepte in polnischer Sprache vor, um die FBI-Lauscher zu verwirren. Ähnliche Scherze erlaubte sich auch Brecht selbst, indem er Verse von Lukrez aus dessen Lehrgedicht »De rerum natura« beim Anruf von Freunden lateinisch zum Besten gab. Doch die Verdächtigungen wurden nur noch absurder, die Anlässe lachhafter. Schon Brechts Besuch des Hollywooder »Filmarte Theaters« mit einem befreundeten deutschen Filmregisseur hatte FBI-Observationen beider zur Folge, weil dort früher russische Filme gezeigt worden waren.

Oder schon Äußerungen über eine hoffentlich baldige Rückkehr in die Heimat zogen neue Schnüffeleien nach sich, weil man Brecht schon auf dem Wege und am Werke sah, dort einen Sowjetstaat zu errichten. Erst recht machte er sich verdächtig, weil er seine Genugtuung über den heldenhaften sowjetischen Abwehrkampf vor Smolensk, Moskau und Stalingrad und die absehbare faschistische Niederlage durch die Sowjetarmee deutlich zum Ausdruck brachte. Aus den inzwischen bekannt gewordenen Akten ist ersichtlich, dass von den Hysterikern in der FBI-Zentrale für den Fall einer doch möglichen Ausreise von Brecht und den anderen »Leading Communist Party functionaries« noch vor Kriegsende bereits alle nur erdenklichen Pass- und Visa-Schwierigkeiten für sie vorbereitet waren.

Es kam jedoch anders und für Brecht noch schlimmer. Die »Special Agents« des FBI, die ihm weiterhin auf den Fersen waren, signalisierten zunehmend eine potentielle Gefahr für Amerika, die von seinen Gedichten, Geschichten, Theaterstücken und Filmentwürfen ausgehen würde, obwohl davon in den dortigen Exiljahren recht wenig an die Öffentlichkeit gelangte.

Den Schnüfflern, die sich als literarische Gutachter und Zensoren betätigten, genügten schon Titel, Verszeilen oder einzelne Dialoge, um Gefahr im Verzug zu melden. So bei dem Film über das Heydrich-Attentat »Hangman Also Die«, der beweise, dass der Autor mit allen Tricks einer Untergrundbewegung vertraut sein müsse. Oder »Die Maßnahme«, von der eigens eine Übersetzung angefertigt wurde, sei ein »›Educational play‹ wich advocates Communist world revolution by violent means (›Lehrstück‹, das die Kommunistische Weltrevolution mit gewaltsamen Mitteln verfechte)«. Oder das Theaterstück »Die Mutter« – »contains material favoring Communismus« – ebenso die Szenenfolge über das »Dritte Reich«, »The Private Life of the Master Race«, und zahlreiche Gedichte, oft in fragwürdigen Übertragungen und Deutungen, zitierten die Agentenberichte, die schließlich so ernst genommen wurden, dass man sie ins Büro des FBI-Chefs Hoover weiterreichte.

Der nahm sie noch ernster und schickte Kopien davon sofort dem Generalstaatsanwalt und den Geheimdiensten INS und CIA.

Inzwischen ging der Krieg zu Ende. Am 8. 5. 1945 schrieb Brecht in sein Journal – mit einem frohen Blick hinaus zum sonst so verachteten Garten vor seinem bewachten Mietshaus: »Nazideutschland kapituliert bedingungslos. Früh sechs Uhr im Radio hält der

Präsident eine Ansprache. Zuhörend betrachte ich den blühenden kalifornischen Garten.«

10. 9. 45: »Die Atombombe, mit der die atomarische Energie sich zeitgemäß vorstellt, berührt die ›einfachen Leute‹ als lediglich furchtbar. Der Sieg in Japan scheint denen, die ungeduldig ihre Männer und Söhne zurückerwarten, vergällt. Dieser Superfurz übertönt alle Siegesglocken.«

5. 1. 46: »Die Russen tun, was die europäische Bourgeoisie versäumt hat, sie bringen die Agrarreform. Und das große Ereignis: Sie sind nicht vernichtet. Und weniger vernichtbar, denn je. So ist der Katzenjammer beträchtlich.«

Etwa zur selben Zeit bemühte man sich in den FBI-Büros von Los Angeles und Washington allen Ernstes erneut um die Durchsetzung des gegen Brecht einst eingeleiteten Deportationsverfahrens durch den Immigration and Naturalization Service – zwei Jahre nach Kriegsende! – Hektisch telegraphierte man hin und her und brachte sogar den sowjetischen Konsul Gregory Kheifetz wegen angeblich »spionageverdächtiger Treffen« mit Brecht ins Spiel. Außerdem sollte durch die Geheimdienste eine sogenannte »Stop notice« für ihn erwirkt werden, eine Aktennotiz zur Ein- und Ausreise-Überwachung bzw. -Verweigerung. Aber all das kam zu spät und wurde doch noch von den Kommunistenjägern in Hoovers FBI-Zentrale und dem »Un-American Activities Committee« des US-Kongresses durch ihr inquisitorisches »Hearing Regarding the Communist Infiltration of the Motion Picture Industry« in Washington übertroffen.

Nach den wochenlangen Proben und den sehr erfolgreichen Aufführungen des »Galileo« mit Laughton in der Hauptrolle, als Brechts Haus in Santa Monica schon verkauft und die Koffer für die Heimreise gepackt waren, hatte am 19. September 1947 ein Vollzugsbeamter der US-Regierung die Vorladung zur Vernehmung durch den Untersuchungsausschuss überreicht. Diese Hexenjägerei gegen Schriftsteller, Regisseure, Produzenten und Schauspieler, die zumeist in Hollywood tätig waren, dauerte schon einige Zeit an und erlebte nun im Nachkrieg und beginnenden Kalten Krieg ihren Höhepunkt. Brecht war neben Hans Eisler und dessen Bruder Gerhard einer der wenigen Ausländer, die man in die Anklage wegen »unamerikanischer Betätigung« einbezog, die sich in erster Linie gegen die amerikanische Linke richtete. Als Brecht deshalb nun von Bekannten und weniger Bekannten gefragt wurde, ob er denn je etwas Unamerikanisches getan habe, soll er geantwortet haben: »Nein, ich bin ja kein Amerikaner. Hätten Sie mich angeklagt, zu wenig für den Kommunismus getan zu haben, dann hätten sie recht gehabt.«

Er fuhr zu dem Verhör nach Washington und gesellte sich zu den anderen Angeklagten, betonte immer wieder seine Zugehörigkeit zu den »Neunzehn«, die es waren, darunter einige der angesehensten und bestbezahlten Filmautoren, Regisseure und Schauspieler. Seine Rechtsanwälte waren die der anderen, einer riet ihm, während des Verhörs getrost Zigarre zu rauchen, wichtige Leute täten es auch und sie freue es, außerdem gäbe es Zeit und Laune zum Überlegen.

Mit seinem Freund Budzislawski probte er das Verhör vorher in einer Art Rollenspiel mit fiktiven Fragen und Antworten. Manche der ausgeklügelten

Dialoge überbot dann noch der Irrwitz des wirklichen Verhörs:

Frage: Herr Brecht, stimmt es, dass Sie eine Reihe von sehr revolutionären Gedichten, Stücken und anderen Schriften verfasst haben?

Antwort: Ich habe eine Reihe von Gedichten und Liedern und Stücken im Kampf gegen Hitler geschrieben, und die kann man natürlich für revolutionär halten, denn ich war selbstverständlich für den Sturz dieser Regierung.

Frage: Gründen sich Ihre Schriften zum großen Teil auf die Lehren von Lenin und Marx?

Antwort: Nein, das trifft nicht ganz zu, aber selbstverständlich habe ich gelernt und studiert – musste es als Verfasser von historischen Dramen. Ich musste mich selbstverständlich in Marx' Ideen über die Geschichte vertiefen. Heutzutage lassen sich intelligente Stücke ohne ein derartiges Studium nicht mehr schreiben, meine ich. Und die Geschichte, die heutige Geschichtsschreibung, ist entscheidend geprägt von der Beschäftigung mit Marx und der Geschichte.

Und auf die Frage, ob er den sowjetischen Konsul Gregory Kheifetz kenne und der ihn dann und wann besucht habe, die Antwort: Ich erinnere mich nicht an den Namen, aber vielleicht kenne ich ihn.

Es konnte ihm nicht widersprochen werden, schließlich drängte die Zeit und man entließ ihn straflos. Unter dem reellen Datum 30. 10. 1947 schrieb er mit offensichtlicher Genugtuung ins Tagebuch: »Vormittags in Washington vor dem Un-american activitis committee, nachdem zwei Hollywood-writers (Lester Cole und Ring Lardner Jr.) die Frage, ob sie der Kommunistischen Partei angehörten, nur insofern beantwortet hatten, als sie sagten, die Frage sei unkonstitutionell, wurde ich zum Zeugenstand gerufen, gefolgt von den Anwälten der 19, Bob Kenny und Bartley C Crum, denen irgendwie einzugreifen nicht erlaubt war. Etwa 80 Pressevertreter, zwei Radiostationen, Filmdreher, Fotografen, im Publikum Theaterleute vom Broadway als uns freundliche Beobachter. Im Einverständnis mit den 18 und den Anwälten beantworte ich, als Ausländer, die Frage, und zwar wahrheitsgemäß mit ›Nein‹.

Der Ankläger Stripling verliest viel aus der ›Maßnahme‹ und lässt sich von mir die Fabel erzählen. Ich verweise auf das japanische Vorbild, gebe als Inhalt an die Hingabe an eine Idee und verneine die Ausdeutung, es handle sich um einen disziplinarischen Mord mit der Richtigstellung, es handle sich um eine Selbstauslöschung. Ich gebe zu, dass die Grundlage meiner Stücke marxistisch ist, und stelle fest, dass Stücke, besonders historischen Inhalts, anderswie nicht intelligent geschrieben werden können. Das Verhör ist unverhältnismäßig höflich und endet ohne Anklage; es kommt mir zugute, dass ich mit Hollywood beinahe nichts zu tun hatte, in amerikanische Politik nie eingriff und meine Vorgänger auf dem Zeugenstand den Kongressleuten die Antwort verweigert hatten. – Die 18 sind sehr zufrieden mit meiner Aussage, auch die Anwälte. Ich verlasse Washington sofort, zusammen mit Losey und Hambleton, die hingekommen waren. – Abends höre ich mit Heli und Budzislawskis im Radio Teile meines Verhörs.«

Zweieinhalb Jahre danach – 1950 – sandte Brecht aus Berlin, Hauptstadt der DDR, seine Anklage gegen die Ankläger der NEUNZEHN von damals, denen er wie einst solidarisch zur Seite stand:

„Aus den Vereinigten Staaten kommt die fast unglaubliche Nachricht, dass einige der besten Schriftsteller nun ins Gefängnis gebracht werden sollen. Da ich mit ihnen vor zweiundeinhalb Jahren auf der Anklagebank saß, kann ich darüber berichten – man sagt mir, dass einige Leute, die meine Stücke gesehen haben, mich nicht für einen Lügner halten. Mich selbst hat damals gerettet, dass mir keine Umtriebe gegen Amerika nachgewiesen werden konnten – die wurden auch den jetzt ins Gefängnis Gehenden nicht nachgewiesen –, sondern dass ich nicht Amerikaner war. Man hatte nämlich uns Neunzehn, Schriftsteller, Filmregisseure, Schauspieler, nach Washington vor ein Komitee des Kongresses zitiert, um uns zu befragen, ob wir Mitglieder der Kommunistischen Partei seien. Zu dieser Zeit, zwei Jahre nach Beendigung des Krieges, war nämlich an die Künstler in den großen Filmstudios Hollywoods die Weisung ergangen, Filme gegen den Alliierten Amerikas im Kriege, die Sowjetunion, herzustellen.

Die Industrie hatte große Summen dafür bereitgestellt, und einige Drehbücher waren in Auftrag gegeben worden. Aber merkwürdigerweise kamen sie nicht zustande. Die guten Filmschriftsteller zeigten sich abgeneigt, die schlechten unfähig. Nicht alle guten Schriftsteller waren fortschrittlich, aber die Bevölkerung war noch nicht bereit, die Helden von Stalingrad, die Amerika so viele Opfer erspart hatten, beschimpfen zu lassen. Sie musste erst bearbeitet werden. Vor allem musste ein Exempel statuiert werden. Das war der Grund, warum eine Anzahl von Künstlern befragt werden sollte, ob sie etwa der Kommunistischen Partei angehörten. Für eine solche Mitgliedschaft war keine Gefängnisstrafe oder Geldstrafe vorgesehen; diese Partei war nicht illegal, damals. Jedoch es gibt in diesem Land andere Strafen, die weit harmloser scheinen, jedoch nicht harmloser sind. Während der Staat dabei nicht in Erscheinung tritt, kommt es doch zur Hinrichtung, man könnte es eine kalte Hinrichtung nennen, in der Weise, in der man eine besondere Form des Friedens dort einen Kalten Krieg nennt.

Diese kalte Hinrichtung wird von der Industrie vollzogen; der Delinquent wird nicht des Lebens, nur der Mittel zum Leben beraubt; er kommt nicht in die Todesanzeigen, nur auf die Schwarzen Listen. Wer die Schrecken der Armut und der Entwürdigung gesehen hat, die im Land des Dollars auf den Mann ohne Dollar hereinbrechen, wird die Bestrafung durch Entlassung keiner Bestrafung vorziehen, welche der Staat verhängen könnte. In unserem Falle leistete der Staat übrigens der Industrie Hilfestellung, er spielte die Rolle des Spitzels. Er befragte die Verdächtigen unter Eid nach ihrer Parteizugehörigkeit. Nun war die Verfassung der Vereinigten Staaten zu einer Zeit geschrieben, wo die Göttin der Freiheit noch Öl auf ihrer Lampe hatte und nicht in ihrem Gesicht. So verbot die Verfassung dem neugegründeten Staat, den Spitzel für die Mächtigen und Reichen zu spielen: Niemand durfte nach seiner Religion, Weltanschauung und Partei gefragt werden. Auf diese Klausel der Verfassung stützten sich die Schriftsteller, Regisseure, und Schauspieler, als der Kongreßausschuss sie unter Eid befragte. Sie verweigerten die Antwort. Und man muss noch wissen, dass keineswegs alle von ihnen der

Kommunistischen Partei angehörten; die meisten gehörten ihr nicht an, hätten, wenn sie geantwortet hätten, eine Antwort geben können, die ihnen nirgends geschadet hätte, verweigerten sie also nur, weil sie die Verfassung respektiert sehen wollten.

Was darauf geschah, war böse für sie, bedeutete aber Böseres für ihr Land. Ihre Achtung für die Verfassung bezeugend, wurden sie wegen Verachtung des Kongresses zu Gefängnis verurteilt. Ich entging der Verurteilung, da ich als Nichtamerikaner die Frage beantworten musste: Ich war nicht geschützt durch die Verfassung. Meine amerikanischen Kollegen waren geschützt durch die Verfassung, nur war die Verfassung nicht geschützt …

Was wissen wir also jetzt? Wir wissen, wie es um diese Justiz bestellt ist, aber auch dass es Menschen gibt, die bereit sind, sich dafür zu opfern, dass ihre Landsleute und die übrige Welt dazu die Wahrheit erfahren. Salut Freunde!«

IX. Die Kraft der Schwachen

Es waren glückliche Zufälle, dass Anna Seghers hin und wieder ganz in meiner Nähe ihre Bücher schrieb.

Sie war nach dem Krieg von Mexiko in das zerbombte, graue Berlin zurückgekehrt, aus dem sie gern für Tage und Wochen flüchtete, um zu arbeiten und sich zu erholen. Oft fuhr sie nach Schloss Wiepersdorf, ehemals »Dichterstiftung« und Schriftstellerheimstatt, wo man sich ohne viele Formalitäten und für wenig Geld einmieten konnte, was auch ich hin und wieder tat. In einem Brief schrieb Anna Seghers damals an Freunde: »Es gefällt mir dort ausgezeichnet. Es ist das Haus der Bettina Brentano, die im Park mit ihrem Mann begraben liegt. Schönes altes Haus, stark verwahrlost ... Ausgezeichnete kleine Bibliothek aus der Goethezeit, die Gegend sehr einsam, das Dorf mit 250 Einwohnern aus Umsiedlern, Altbauern, Neubauern, die früher Tagelöhner waren, ist eine Art winziger Maggiwürfel von Klassenkampf. Dazu in der Nähe eine Traktorenstation, auch eine Bauernschule usw. ...«

Da wohnte man auf einem Flur miteinander, traf sich beim Essen, im Garten und auf Feldwegen, doch gewechselt habe ich da mit ihr kein Wort, glaube ich. Viel zu groß war der Respekt, sie war gerade unsere Schriftstellerpräsidentin geworden, stets sichtlich in Gedanken und in ihre Schreiberei vertieft, versunken, verwebt – unterm schlohweißen Haar ein Lächeln wie von weither.

Einige Jahre später traf ich sie wieder auf Feldwegen im Brandenburgischen Land, bei Storkow, im alten Ziegeleidorf Prieros, wo sie nun in dem Ferienhaus des Malers Max Lingner für die Sommermonate einen Zufluchts- und Arbeitsort gefunden hatte. Ich hatte dort in der Nähe nach langem Suchen ein Wochenendhaus zur Pacht bekommen, an demselben See, auf dem man mit dem Boot bis ans Schilfufer ihres Sommerdomizils heranrudern und ihr Schreibmaschinen-Geklapper hören konnte.

Ich bin mir ziemlich sicher, dass sie dort die Geschichte »Das Schilfrohr« ihres Erzählungsbandes »Die Kraft der Schwachen« geschrieben hat. Man kann da nachlesen, wie es dort zu dieser Zeit aussah und alles beschaffen war: »Ein kleines Anwesen an einem See hinter Berlin ... Sie bauten hauptsächlich Gemüse an. Ihr einstöckiges, gut erhaltenes Haus war am Ufer durch einen schmalen Rasen getrennt, der einzige Streifen unausgenutzten Bodens. Das Ufer war flach, es fiel ganz allmählich ab, dicht stand das Schilf, wie fast überall um den See herum. Vom Bootssteg führte der mit Kiesel bestreute Weg zu der Glasveranda, mit der man in einer Zeit des Wohlstandes das Haus erweitert hatte. Meistens wurde der Weg benutzt, der von der Landstraße her durch die Gärtnerei ins Haus führte ...«

Die »Schilfrohr«-Geschichte erzählt vom Spätsommer 1943, von einem »regendunstigen Abend«, als ein Fremder plötzlich auf dem Anwesen erschien, gejagt und gehetzt von Motorradfahrern und Motorbooten, SS oder Polizei. In Schutz nahm den Flüchtling eine junge Frau, die allein das Familienanwesen bewirtschaftete und ihm zu einem Versteck im Schilf verhalf.

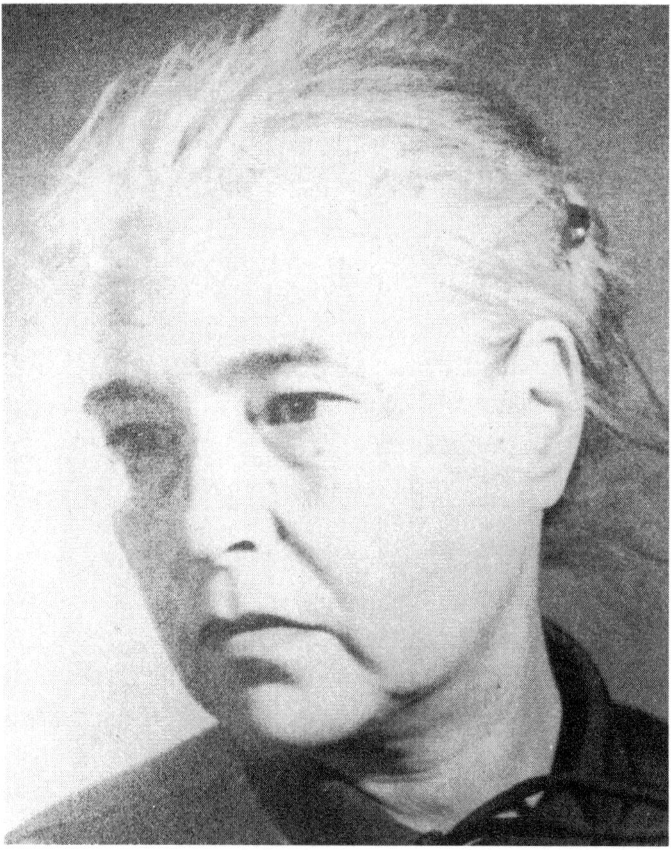

Anna Seghers (1900-1983)

Als die Suchtrupps zurückkehrten, riet sie ihm zu tauchen und durch ein Schilfrohr zu atmen, was der zunächst für unmöglich hielt. »Doch sie zwang ihn, ins Wasser zu gehen, und sie schnitt ein geeignetes Schilfrohr ab.« Sie beschwor ihn, es zu wagen. »Was habe er alles gewagt, damit endlich Frieden sei! Und da wolle er elend verrecken drei Minuten vor Torschluss ...«

Anna Seghers wusste, worüber sie schrieb, als sie über Flucht, Verfolgung, solidarische Hilfe und Rettung schrieb. Sie war Anfang 1933 verhaftet worden, wieder freigekommen und dann über die Schweiz nach Frankreich geflohen. Als Kommunistin, Jüdin und bekannte Schriftstellerin des Bundes Proletarischer Schriftsteller war sie doppelt und dreifach bedroht, ebenso ihr Mann, Laszlo Radvanyi, ein ungarischer Kommunist, bis dahin Leiter der Marxistischen Arbeiterschule in Berlin. Die Segherschen Bücher waren in Nazideutschland sogleich auf die »Schwarze Liste« gesetzt worden, darunter ihr schon mit dem Kleist-Preis ausgezeichneter Roman »Aufstand der Fischer von St. Barbara«. Doch sie arbeitete, in Paris mit ihrem Mann und den beiden Kindern angekommen, als gäbe es in dieser Zeit nichts Wichtigeres für sie, an ihren Geschichten weiter.

Die mit ihr lebenslang befreundete Jeanne Stern, die sie dort traf, schrieb über sie: »Während die meisten Emigranten noch herumschwirrten und in Hotels kampierten, hatte sie sich schon verankert, nur vorläufig, und mit der inneren Bereitschaft, jederzeit die Anker zu lichten, aber doch so fest, dass sie in relativer Ruhe arbeiten konnte. Sie nahm sich in einem Vororthäuschen eine möblierte Wohnung. Wenige nur kannten ihre Adresse. Es war gut so: wegen der französischen Polizei, der das Kommen und Gehen vieler Fremder auffallen konnte; wegen der Hitlerspitzel … Der Mann setzte seine wissenschaftliche Forschung in Bibliotheken und Instituten fort. Und wenn der Haushalt mit seinen kleinlichen Sorgen sie belästigte, wenn die vier Wände sie zu bedrücken drohten, packte Anna Seghers ihr Manuskript in die Mappe, fuhr mit dem nächsten Vorortzug nach Paris, setzte sich in ein Kaffeehaus, immer dasselbe, an einen leeren

Tisch, unbekümmert um das Gewirr, um das Gewoge, und schrieb.«

So sah und traf sie auch Becher in Paris, der darüber ein Sonett schrieb, betitelt: »A.S.«

Du sitzt in dem Cafe. Du weißt es kaum.
Es wurde Abend, und der Wind geht kühler.
Warm eingehüllt in einem Schal aus Traum.
Nur manchmal streckst du daraus deine Fühler.

Und tastest dich ins ungeheure Leben,
Bald ziehst du wieder zitternd dich zurück:
So holst du dir vom Leben Stück um Stück,
Um alles deinem Traume zu verweben ...

Vier Romane schrieb Anna Seghers in ihren Pariser Jahren: »Der Kopflohn«, »Der Weg durch den Februar«, »Die Rettung« und schließlich »Das siebte Kreuz«, den deutschesten Roman jener Zeit, der zum gültigsten Zeugnis des antifaschistischen Widerstandskampfes und zu einem Buch der Weltliteratur wurde. Zuerst erschien dieses Buch in englischer Sprache in den USA, bald auch eine Comic-Strip-Version sowie der Hollywood-Film »The Seventh Cross« – und in den folgenden Jahren Übersetzungen des Romans und Synchronisationen des Films in so viele Sprachen, wie sie heute niemand mehr zu zählen vermag. Auch ins Deutsche in Deutschland nach 1945.

Ehe sie den Roman zu schreiben begann, hatte sie sich in Paris umgehört, wenn Flüchtlinge aus Deutschland kamen, besonders aus ihrer heimatlichen Maingegend, und sie hatte gefragt und gefragt. Vieles war ihr erzählt worden, vielerlei Umstände, Geschehnisse und Merkwürdigkeiten, die sie kaum für möglich hielt. So hatte ihr ein Flüchtling »diese sonderbare Begebenheit – ich sage sonderbar und schrecklich zugleich – berichtet, nämlich diese Sache mit dem Kreuz, an das ein Häftling gebunden wird, den man wieder gefunden hat«. Sie stellte diese Tatsache auf den Kopf und gab ihr eine völlig andere Dimension: Von sieben KZ-Häftlingen schilderte sie die Flucht, ihre Verfolgung und die vorbereitete Marter und Hinrichtung an sieben aufgerichteten Kreuzen im KZ-Westhofen (dem realen KZ-Osthofen nachgebildet) – doch am Ende blieb eines frei, weil einem der Verfolgten mit Hilfe unterschiedlicher Leute aus dieser Gegend die Flucht über den Rhein und an das rettende andere Ufer geglückt war. »Da hab ich mir gedacht, diese Flucht ist das Ereignis, an dem ich die Struktur des Volkes aufrollen kann«, sagte sie dazu. Und als letzten Satz des Buches schrieb sie: »Wir fühlten alle, wie tief und furchtbar die äußeren Mächte in den Menschen hineingreifen können bis in sein Innerstes, aber wir fühlten auch, dass es im Innersten etwas gab, was unangreifbar war und unverletzbar.«

Anna Seghers hatte nur wenige Wochen zuvor die Arbeit an diesem Roman beendet, als die Nazi-Wehrmacht in Frankreich einfiel, so dass gerade noch Zeit blieb, das Nötigste zusammenzupacken und mit ihren Kindern aus Paris zu fliehen, während ihr Mann bereits in ein Internierungslager verschleppt worden war. Sie hatte mehrere Abschriften des Manuskripts vom »Siebten Kreuz« anfertigen lassen; eine ging verloren, als sie in einen Luftangriff geriet; eine andere vernichtete sie bei der zeitweiligen Rückkehr nach Paris, weil die Wehrmacht sie eingeholt hatte und sie nirgendwo mehr vor Durchsuchung und Verfolgung sicher war.

Mit Hilfe von Freunden gelang es ihr nach einigen schrecklichen Wochen doch noch, mit ihren beiden Kindern über die Demarkationslinie in die unbesetzte Vichy-Zone und nach Marseille, in die Nähe des Lagers Le Vernet, zu kommen. Dort bemühte sie sich monatelang um die Freilassung ihres Mannes und gültige Papiere (Pässe, Durchreisevisen und Aufenthaltsgenehmigungen für die USA oder Mexiko) – und begann sogleich wieder zu schreiben, den faszinierenden Roman jener apokalyptischen Erlebnisse in und um Marseille: »Transit«.

Schwer vorstellbar, wie sie es fertigbrachte, in dieser Lage dieses Meisterwerk zu schaffen, das nicht wenige noch höher schätzen als selbst das »Siebte Kreuz«. Sie berichtete, dass sie manches auf Notizzettel schreiben musste, wenn sie in Konsulaten oder Polizeibüros Stunde um Stunde gewartet habe, oder unterwegs im Bus oder in Zügen mit dem Notizblock auf den Knien, selten nur in Cafés, Hotels, weil dafür kaum noch Zeit und Geld da war. Tausende kosteten allein die Schiffsbilletts, die mehrmals umgetauscht werden mussten, da ihr Mann noch nicht freikam und es auch immer wieder Verzögerungen und Vertröstungen bei den Pässen, Transitvisen und Aufenthaltsgenehmigungen gab.

Mangels eines Tagebuchs, weil sie lieber ihrem »Transit«-Buch treu blieb und dafür jeden Augenblick nutzte, kann man nur in den hektischen Briefen an ihre Freunde jenseits der Sperrzonen und großen Meere nachlesen, wie ihr zumute war und welche Sorgen und Ängste sie umtrieben.

Die meisten Briefe mit dringenden Hilferufen schrieb sie an F. C. Weiskopf in New York, vor allem wegen ihres Romans »Das siebte Kreuz«:

19. Dezember 1939: »Ich schicke Dir bald ein Exemplar des Manuskripts. Sicher hast Du die ersten zwei Kapitel schon gelesen. Ich bitte Dich sehr, alles zu tun, was Du kannst, damit mein Roman auf Englisch erscheinen kann. Vielleicht könntest Du einen Teil des Romans oder den ganzen Roman in einer amerikanischen Literaturzeitschrift veröffentlichen lassen. Wenn Du für mich und meine Kinder Geld schicken kannst, so schick es an meine Adresse …«

2. Februar 1940: »Ich hoffe sehr, dass Ihr etwas für meinen Roman tun könnt. Das ist für mich das Wichtigste … Es gibt für uns nur einen einzigen Ausweg, nach Amerika zu gehen …«

Anfang Februar 40: »Franz, ich bin sehr besorgt, Du hast mir den Empfang des Manuskripts noch nicht bestätigt. Wie glücklich wäre ich, wenn es Euch gelänge, es veröffentlichen zu lassen …«

15. März 40: »Ich weiß wohl, dass es sehr schwierig ist, jetzt eine Übersetzung unterzubringen, dennoch bitte ich Dich unaufhörlich, Dein Bestes zu tun, weil mir dieses Buch besonders am Herzen liegt … Hier hat man mir gesagt, dass mein Roman auch einige Möglichkeiten für den Film bietet…«

7. April 40: »Diese Woche sende ich Dir ein drittes Exemplar vom ›Siebten Kreuz‹, damit Du es Johannes (Becher) schickst. Ich möchte dass er es liest, auch wenn es dort (Moskau) nicht erscheinen wird …«

26. Mai 40 (die deutsche Wehrmacht hatte bereits Frankreichs Grenzen überrannt): »Es ist ganz natürlich, dass man manchmal das Gefühl hat, sich nie

mehr wiederzusehen oder sehr spät. Es liegt mir daran, Euch die Kopien meiner Romane und Novellen zu schicken, das heißt auch die unvollendeten Teile …«

30. Mai 40: »Ich habe weder einen Ort, der mich aufnimmt – man braucht Papiere –, noch habe ich die finanziellen Mittel, und jegliche Unterkunft ist sehr teuer … Aber eigentlich bin ich voller Zuversicht, ich glaube an den Sieg, auch wenn wir einige schmerzliche Augenblicke durchmachen …«

30. September 40 (nach dem Fall von Paris und dem deutsch-französischem Waffenstillstand): »Ich wollte im Juni mit den Kindern weg, aber der Zug wurde bombardiert, ich musste zurückkehren … Das ist das zweite Mal, dass ich meinen ganzen Koffer verloren habe, ich sehe aus wie die Fifi vom Lumpensammler. Dieses Mal saß ich nicht privilegiert im Auto irgendeines Kongresses oder einer Zeitung, sondern ich war mit den Kindern zu Fuß auf der Straße von Orleans. Ich versichere Euch, das ist eine Erfahrung …«

4. Oktober 40 (in Pamiers, nahe dem Lager Le Vernet): »Ich habe zwei kleine Zimmer mit Kochplatte bei einer ›Hellseherin‹ gefunden, aber abgesehen von ihrem Gewerbe ist sie eine sehr propere und intelligente Frau …«

1. November 40: »Ich habe mich auch an Vichy gewandt … Es ist ganz und gar unmöglich, aus Europa abzufahren und Rodi in einem Lager zurückzulassen. Der Gedanke wäre absurd … Passt auf, dass Ihr mein Siebtes Kreuz nicht verliert. Das existiert jetzt nur bei Euch.«

23. November 40: »Ich kann Euch unser Leben nicht schildern. Dante, Dostojewski, Kafka – oh, das

waren Bagatellen! Kleine Unannehmlichkeiten, die vorübergingen. Das hier – das ist ernst. Und das Sonderbarste ist, dass man sich gewöhnt, die Kinder gehen zur Schule, ich koche eine eigenartige Suppe für uns drei und für noch 2 Neuangekommene. Man erfährt z. B., dass Benjamin an der Grenze Selbstmord begangen hat, weil er nicht durch Spanien reisen durfte. Man denkt, was für ein komischer Kerl er immer ist! Welches Glück hat er sich von der Fahrt durch Spanien erhofft? Ich habe in Paris im Hotel des Schriftstellers Weiß nachgefragt, ob er da sei, man sagte mir, er sei evakuiert worden. Später erfährt man, dass er Selbstmord begangen hat …«

Schließlich gelang es Anna Seghers, ihren Ehemann aus dem Lager Le Vernet freizubekommen und die Pässe und Visen für sie und die Kinder zu beschaffen, auch rechtzeitig Billetts für ein Schiff, das sie nach Nordamerika und schließlich Mexico brachte – für weitere sieben glücklich-unglückliche Exiljahre, dort ebenfalls bedroht, bedrängt und unbarmherzig von US-Geheimdiensten verfolgt.

*

Dennoch gerade zu dieser Zeit – nach dem Verbot und der Verbrennung ihrer Bücher, vor dem immer weiter um sich greifenden Krieg und der Naziverfolgung auf der Flucht, als nicht einmal sicher war, ob ihre neuen, gerade vollendeten Geschichten und Romane jemals einen Leser erreichen würden – rief sie beschwörend den Zeitgenossen und Nachgeborenen den unverlierbaren Wert wahrer Literatur ins Gedächtnis:

»Wenn die Lebenden schweigen müssen, sagt ein Sprichwort, dann sprechen die Toten. Solche Toten hat jedes Volk, zumal das deutsche, in Hüll und Füll. In unseren Zeiten stehen sie auf, sehen den Lebenden über die Schulter, sagen ihnen das Unausdenkbare, Unaussprechbare plötzlich ins Ohr, das Verbotene, Strafbare, Halbvergessene. Sie trösten euch, sie stärken euch, sie verfluchen euch, sie verspotten euch, je nachdem.

Manches Buch, das einem noch vor sechs Jahren teuer war, möchte man heute wieder lesen. Ja, wenn man das könnte, ohne sich die Finger an dem Buch zu verbrennen. Man muss es ja aus dem Scheiterhaufen herausziehen. Und in manches Heft möchte man einen Blick werfen, aber man wagt es selbst von dem besten Freund nicht auszuleihen. Da greift man auf die eiserne Ration zurück, die eiserne Ration der deutschen Dichtung. Sie reicht immer noch aus, um jeden Hunger zu stillen.

Man kann sie nicht rundweg unterschlagen. Man kann sie nicht verbieten; das hieße sich selbst, das hieße, das Deutsche schlechthin auslöschen. So gehen sie straflos durch, die Toten, und uneingesperrt, und ihr mit ihnen, wenn ihr euch ihnen anvertraut. Zur deutschen Klassik gehört nun einmal Don Carlos ›Gedankenfreiheit‹. Auch wurde nicht nur dem König Gedankenfreiheit angeraten, sondern auch dem Prinzen, ›dass er für die Träume seiner Jugend soll Achtung haben, wenn er Mann sein wird‹.

Besinnt euch auf eure Gesamtausgaben! Der Winter wird schwer. Ihr werdet vielleicht recht allein sein. Die sechs- und zehnbändigen Goethe, Schiller, Lessing, Hebbel, die eure Eltern euch zur Konfirmation schenkten, haben unaufgeschnittene Seiten. Sie enthalten allen Stoff, der genügt für siebenhundert Scheiterhaufen. Sie enthalten Gründe genug, die Goldrändigen, um eine ganze Generation ins Zuchthaus zu schicken und nach Dachau und Oranienburg.

Wer sucht, der findet. Wir freuen uns über die Neuauflagen im letzten Jahr von Lichtenbergs Werken. Da ist man einem anständigen Mann auf der Spur. Zum Grimm-Jubileum hat man das Neue Deutsche Wörterbuch frisch aufgelegt. Lest die erste Seite der Vorrede. So klingt unsere Sprache, wenn sie aufrichtig gesprochen wird. Lest alle die jung starben zur Zeit Goethes, die Lenz und Bürger und Hölderlin und Büchner. Versteht, was die Dichter jenseits der Grenzen gejagt hat, ihres Landes und ihrer Zeit. Die Romantiker selbst, die angeblich Lieblinge des Nationalismus sind, die wahrhaft deutschen ›aus deutschem Traum und Blut‹.

Wenn sie es wirklich sind, dann lest sie doch unangefochten. Lest die Bettina Brentano, lest die Günderode! Lest, was sie schrieben über Erziehung, Glaube, Judenfrage! Selbst Friedrich der Große hat böse strafbare Dinge in seinem Tagebuch über Konstitution, Republiken, Menschenrecht ausgedacht! Lest auch die Fröbel und Pestalozzi wieder, wenn ihr ratlos vor euren Kindern steht. – Zumindest satzweise klingt da ein andres Gesetz einer andren Menschlichkeit. Den eingekerkerten Menschengeist durch die Erziehung zu befreien, den Kranken nur heilen, nicht ausmerzen.

Gar manches lange unbeachtete Buch gleicht jenem Sack aus der Sage, dem, als er geöffnet wurde, alle Stürme entbrausen, die die Welt in Aufruhr bringen.«

X. Auf andere Art so große Hoffnung

Deutschland erlebte nach dem Naziterror und dem größten aller Kriege östlich der Elbe eine wirkliche Zeitenwende und revolutionäre Zeit – und einen fünfzigjährigen Frieden. Es musste im Sinne Brechts und Tucholskys: »Ganz von vorn« begonnen werden, »Neues« und »neue Leute« mussten her, ein »Anderswerden« war unumgänglich. Brecht machte sich darauf den ahnungsvollen Vers:

„Die Mühen der Gebirge liegen hinter uns
Vor uns liegen die Mühen der Ebenen.«

Die deutschen Emigranten, die Faschismus und Krieg überlebt hatten, kamen zurück nach Deutschland, und nicht wenige entschieden sich für die »Russenzone«. Es waren allesamt Antifaschisten und Anti-Antibolschewisten, größtenteils KP-Mitglieder: Becher, Weinert, Bredel, Wolf, Renn, Herzfelde, Turek, Weiskopf, Marchwitza, Herzfelde, Heym, Uhse, Hermlin, Seghers, Arnold Zweig und viele andere, auch die bald mehr westwärts orientierten wie Kästner, Kesten, Remarque, Döblin und Plievier. Viele der etwas jüngeren Autoren der »Kriegsgeneration« zählten im Osten bald mit zur vordersten Reihe der DDR-Literatur.

Diese engagierten Autoren, für die politische Einmischung Ehrensache war, schrieben ihre ersten, meist sehr aufmerksam und freundlich aufgenommenen Bücher und beteiligten sich lebhaft an der Diskussion über alle nur erdenklichen Möglichkeiten und Unmöglichkeiten des ostdeutschen Neuanfangs. Heikle Themen gab es genug, die scheute man nicht – sehr viel Rücksicht wurde aufeinander nicht genommen in dieser Zeit des Aufbaus und des Umsturzes. Weder allzu Persönliches noch allgemein Widersätzliches wurde verschwiegen oder wie früher und später in den Schubfächern der Schreibtische zurückgehalten oder nur vertraulich im Freundeskreis herumgereicht. *Frischer Wind* hieß die erste Satirezeitschrift im östlichen Deutschland nach dem Krieg. Und Johannes R. Becher, der bald vom Kulturbundchef zum Minister für Kultur aufstieg, nannte sein Tagebuch über das erste DDR-Jahr nach einem Shakespeare-Wort: »Auf andere Art so große Hoffnung«.

Es war zu Beginn des neuen Halbjahrhunderts, am 4. Januar 1950, als er auf einer der ersten Seiten dieses Tagebuchs schrieb: »Der Verfasser eines Tagebuchs wird nicht mit Einwänden sparen, als sein eigner Zwischenrufer wird er sich nicht in Ruhe lassen. Ein ›Werden‹ wird sichtbar in seiner ganzen Unmittelbarkeit und Widersprüchlichkeit. Indem es eine Bereicherung des Menschlichen bringt und das Tagebuch einen neuen Menschen uns darbietet, kann es auch formal etwas Neues geben und die bisherigen Formen bereichern. Aber das Wichtigste bleibt, die menschliche Konfession. Was ist der Mensch in unserem Jahrhundert? Wer ist: man, wer? Man muss es wagen, diesen Den aufzuspüren.«

Gleich am nächsten Tag ging er mit sich selbst hart ins Gericht und zur Sache: »Vier Uhr früh aufgestanden. Geturnt. Gearbeitet. Auch ein Zeichen, dass die Krise zu Ende geht. Das Tagebuch bietet sich an, ganz

Johannes R. Becher (1891-1958)

aus ihr herauszuführen.« Am Tag darauf: »Niemals nachts gearbeitet. Keine Arbeitsfähigkeit in einer Umgebung verschwimmender Konturen. Nur bei möglichst klarem, hartem Licht kann gedichtet, gesichtet werden. (Ja, Dichtung ist Sichtung – das vor allem.)« Jedoch noch nicht einmal zwei Tage später dann das erstaunliche Eingeständnis: »Jede Arbeitsstunde muss man erst durchsetzen. Man will das Ergebnis, aber nicht den Weg dazu. Man will das geschriebene Buch, aber nicht das Schreiben am Buch … Die Krise war längst da, als ich, äußerlich betrachtet, den größten Erfolg hatte. Ich hatte eigentlich alles, nur die poetische Potenz hatte ich verloren. Völlig erschöpft, hörte ich ehrende Reden über meine schöpferischen Leistungen … Man ist überholt und zum Abräumen da; man hat nichts mehr zu sagen. Kein Thema mehr, wozu man aus Eigenem heraus noch etwas zu sagen hätte. Alles scheint gesagt oder unsagbar.«

In einer Westberliner Frontstadtzeitung namens *Sozialdemokrat*, die sich damals auch grenzüberschreitend um Dichter und Schriftsteller des Ostens »kümmerte«, erschien kurz nach dieser harschen Selbstkritik »ein hübsches Artikelchen«, wie das Tagebuch vermerkt. Dreist wurde da gelogen und gehetzt: Becher sei seit 1918 russischer Staatsangehöriger, obwohl ihn bekanntlich die Nazis 1933 als »undeutschen Deutschen« des Landesverrats bezichtigten und ausbürgerten, seine Bücher verboten und verbrannten – also ihn längst totgesagt hatten. »Wie haben aber diese Lümpchen nach dem Staatsanwalt geschrien, damals, als ich noch eine ›markante Erscheinung der Literatur‹ war, wie sie meinen. Eine Stinkwut haben diese Leute auf mich wegen der Nationalhymne.« Und er zitierte die Beschimpfungen und wie westwärts seine »Krise« zugleich als Politikum zelebriert wurde: »Den Dichter Johannes R. Becher gibt es nicht mehr. Es gibt nur noch den Barden Becher, der die Propagandaparolen der SED zahm und brav zur Harfe instrumentiert …«

Ernst zu nehmen war das nicht, ernster aber schon, was der um 25 Jahre jüngere Stephan Hermlin – Antifaschist, Kommunist, Emigrant und Widerstandskämpfer in Frankreich und Spanien – über ihn sagte und schrieb. Er hatte selbst gerade seinen ersten Lyrikband »Zwölf Balladen von den großen Städten« vorgelegt und äußerte sich in seinen Radiovorträgen aus Frankfurt am Main sehr kritisch über ihn:

»Tragisch ist der Fall eines der bedeutendsten Lyriker des heutigen Deutschlands, der Fall des Johannes R. Becher. Sein letzter Gedichtband (*Heimkehr*, Aufbau-Verlag, Berlin) beweist neuerlich, dass Becher in seiner von sehr ernsten politisch-ästhetischen Motiven bestimmten Erneuerung, die er seit etwa fünfzehn Jahren unternommen hat, über jedes mit seiner hohen dichterischen Begabung verträgliche Ziel hinausgeschossen ist. Dieser Fall ist sehr kompliziert und erfordert eine gründliche Auseinandersetzung. Es liegt aber unleugbar der Beweis vor, dass die Bemühung um einen neuen Realismus hier die Substanz und Eigengesetzlichkeit des Lyrischen zerstört hat: Becher ist in neo-klassizistischer Glätte und konventioneller Verseschmiederei gelandet. Er hat eine politisch richtig gestellte Aufgabe mit dichterischen Mitteln falsch gelöst.«

Es ist vieles über literarische Probleme und Auseinandersetzungen in Bechers Tagebuch zu lesen, doch eine direkte Entgegnung auf die kritischen Einwände Hermlins findet man nicht. Der war auch bald nach Berlin zurückgekehrt, und seine Radiovorträge erschienen gedruckt mit Beiträgen von Hans Mayer im neu gegründeten Berliner Verlag Volk und Welt – »Ansichten über einige Bücher und Schriftsteller«. Getreulich nahm Becher zwar Hermlins Kritik in sein Tagebuch auf, doch die anschließenden Bemerkungen waren eine schroffe Zurückweisung, zugleich verrieten sie tiefe Betroffenheit: »Den Kunstgewerblern, den preziösen Konfektionären, den literarischen Schaufensterdekorateuren insbesondere, war ich schon immer ein Gräuel«, schrieb er ohne genaue Adresse, gestand jedoch ein: »Aber dieser ›unleugbare Beweis‹, von keinem aus diesem Gewerbe geliefert, hat mir immerhin zu denken gegeben, und ich habe ihn bis heute nicht verschmerzt. (Denn er enthält irgendwo irgendwie etwas Richtiges.)«

Mag es Gespräche Auge in Auge gegeben haben, Näheres weiß man nicht. Aufsehen erregte, dass Hans Mayer nach dem Erscheinen von Bechers Tagebuch heftig daran Kritik übte, besonders an dem Mangel »konkreter Begegnungen«, und dass dem eine eingehende, wiederum selbstkritische, Erwiderung Bechers im fortgesetzten Tagebuch, den »Eintragungen 1951«, folgte: »Mayer hat recht, wenn er mir den Vorwurf des Stilisierens nicht erspart und mir beweist, dass ich jedes Werk ›säkularisiere‹ und als Abschluss oder Beginn einer ›Periode‹ zu steigern geneigt bin. Also die Begegnungen, die plastischen Beziehungen zu Menschen fehlen. Was heißt das? Heißt das, dass ich so abseits des Menschlichen gelebt habe, dass mir nicht bemerkenswerte Menschen (aber welcher Mensch wäre nicht bemerkenswert?) begegnet sind, oder hat in mir selber eine Rückbildung (oder Verhärtung) des Menschlichen stattgefunden, so dass die menschlichen Beziehungen ohne tiefere Folge, ohne poetische Folgerung geblieben sind. Dürfen wir das annehmen? Wir wollen uns selber bei dieser Frage ohne Wimpernzucken in die Augen blicken.«

Wenn es Becher trotz seines Ministeramts und anderer Verpflichtungen nur irgendwie möglich war, ließ er alles hinter sich und fuhr hinaus ins Brandenburgische Land, nach Bad Saarow am Scharmützelsee: »In Saarow befindet sich mein Traumgehäuse, das wunderbarste, zauberhafteste usw. Häuschen, wie mir scheint, Knusperhäuschen, immer neue Koseworte dafür stellen sich ein, einstöckig, Flachdach, mit einem größeren Raum auf den See hin, die ganze Vorderseite als Tür zu öffnen, und dann noch drei Zimmerchen … Dort vor allem will ich dieses Jahr mich aufhalten und arbeiten – o ihr guten Vorätze …«

Doch es blieb dabei, die meisten Gedichte schrieb er damals dort, auch seine »Neuen Volkslieder«, deren Reigen mit dem »Lied von der Blauen Fahne« den Anfang nahm – einem FDJ-Lied, dem Berliner Pfingsttreffen 1950 gewidmet. Dazu notierte Becher: »Ganz leiser, versteckter Frühling, der in seiner erregenden Stimmung dazu beiträgt, das ›Lied von der blauen Fahne‹ zu einem guten Ende zu führen.« Die Jugend sei »der beste Teil unseres Volkes« und habe einen »berechtigten Anspruch« auf solch ein Lied. Und trotzig, nun wahrlich ohne Wimpernzucken, wischte er alle Bedenken beiseite: »Das macht Spaß, da sich gewisse Leute so entsetzlich über die ›Nationalhymne‹ geärgert haben, sollen sie sich weiter ärgern. Man ist nun eben mal ein Menschenfreund und wünscht auch seinen Feinden alles Gute. Meine sehr verehrten Herren Gegner: Ich verspreche Ihnen auch weiterhin reichlich Stoff zu liefern zum Ärgern und Anstoßnehmen.« Und er notierte dazu noch den passenden Kalauer aus der westlichen »Welt«: »Eis-Becher – Zusammenziehung aus Eisler und Becher«, so was böten die nun drüben als »Witz« an …

In Bad Saarow besuchte er auch einen Lehrgang junger Schriftsteller, der auf seine Anregung hin vom

Kulturbund organisiert worden war. Er hatte einen »sehr guten, ernsthaften Eindruck«, das Gespräch sei ein »Streifzug durch literarische Probleme« gewesen. Drei Wochen später ist er wieder dort: »Im heimischen Kreis, trotz aller Unbeholfenheit und Unebenheit eine gute und freundliche Atmosphäre.«

Schon im Januar 1950, zu Beginn seines Tagebuchs, hatte Becher auf einer der vorderen Seiten freudig auf einen »jungen Dichter« aufmerksam gemacht, der damals 21 Jahre war: »Ein junger Mensch hat mir seine Gedichte geschickt, und sie sind begabt. Günter Kunert muss kein Literaten-Internat besuchen, er geht in die Schule, die das Leben ist, und er ist ein aufmerksamer und talentierter Schüler, und wir hoffen, ein fleißiger auch. (Fleiß in dem Sinne, der nach Goethe das Genie zur Hauptsache ausmacht.) Also: ein junger, begabter deutscher Dichter. Eine große Sache für ein jedes Volk, und eine besonders große Sache und eine festliche und zukunftsfrohe Botschaft zugleich für ein Volk wie das unsere. Aus unserer neuen Wirklichkeit ist ein Dichter erstanden, seine Gedichte segnen unser Tun und Trachten: das ist Nachwuchs, echt, und kein künstlich gezüchteter, kein künstlich hinaufgelobter – dies ist Jugend …«

»Andächtig« habe er dieses Gedicht ins Tagebuch geschrieben, »besonders sorgfältig« und »mit recht deutlicher Handschrift«:

Erst wenn du,
Maurer,
Sagen kannst:
Dieses Haus habe ich gebaut;

Es ist nicht mehr zu zerstören –
Hast du
Deine Arbeit abgeschlossen.

Erst wenn du,
Dreher,
Sagen kannst:
Dieses Gewehr habe ich gemacht;
Es wird keine Kinder mehr treffen –
Hast du
Deine Arbeit recht geschafft.

Und erst wenn du,
Bürger,
sagen kannst:
Dieses Land habe ich mitgeformt;
Es hungert niemand mehr darin,
Erst dann
Hast Du
Deine Arbeit getan.

1979 verließ der inzwischen fünfzigjährige Dichter Günter Kunert mit seiner Frau, antiken Möbeln, einer Spielzeugsammlung und sieben durch Schlafmittel ruhiggestellten Katzen – Charly, Micky, Anton, Puschel, Bonzo, Bimbo und Clarence – ohne Katzenjammer die DDR. Auch seine apokalyptische Endzeitstimmung nahm er, nach Aussage bestinformierter westlicher Kreise mit: »Meine Angst hat sich rapide vermindert, aber meine Befürchtungen sind gewachsen.«

Hatte er da – im Sinne des hochgelobten Gedichts – seine Arbeit getan?

Johannes R. Becher schrieb Ende Januar 1933 für das im Ausland gedruckte antifaschistische »Braunbuch«: »Es ist Montag, elf Uhr vormittags. – Ein Polizeiwagen fährt über den Bülowplatz. Keine Menschenansammlung, nichts. Das Karl-Liebknecht-Haus steht da wie immer, grau und mächtig. Vor dem Eingang zwei Posten in dicken Mänteln. Die Wilhelm-Straße entlang ein Spalier von Heilrufen. Unten, im Auto, geduckt, Hitler, SS in schwarzen Uniformen, Totenköpfe an den Mützen, mit gezogenen Pistolen rings auf den Trittbrettern. Telefone klingeln Alarm. Hitler wurde Reichskanzler. Hitler ist zur Macht gekommen. Ich schaue in die Luft, ob sich nichts Besonderes abzeichnet. Wieder ein Polizeiwagen. In der Gormannstraße, heißt es, vor dem Arbeitsnachweis – die Polizei soll geschossen haben.

Nachmittags kommen die ersten Berichte aus den Betrieben. Streik? Generalstreik? Wir warten darauf, wie nach langen grauen Regentagen auf schönes Wetter. Werden die Gewerkschaften den Proleten wieder in die Kehlen treten? Die Arbeiterkorrespondenten berichten: Arbeiter, die unser antifaschistisches Abzeichen tragen, machen sich lustig über den Machtantritt Hitlers. Der habe sich fein in die Nesseln gesetzt, Papen habe ihn hereingelegt. Klar, der wird abwirtschaften wie noch nie und dann – WIR! Andere meinten, Streik sei ganz zwecklos, Hitler sei legal zur Macht gekommen, beim ersten Verfassungsbruch … Menschengruppen um das Karl-Liebknecht Haus. Sicher unsere Genossen.

Als ich näher komme, sehe ich unter den Mänteln braune Hosen. SA. Ein Pfiff. Sie schwärmen aus und versuchen, in breiter Front das Liebknecht-Haus anzugreifen. Die schweren eisernen Tore schließen sich. Drinnen wird der Wasserschlauch bereitgelegt, Radfahrer los, um die Stempelstellen zu alarmieren. Die SA rückt ab. Einige machen Bewegungen auf uns zu, wie Halsabschneiden und Aufhängen. Wir lachen sie aus und machen unsere Witze über den ›Galgen‹, der dem Karl-Liebknecht-Haus gegenüber errichtet ist; so nennen wir das vor einigen Tagen aufgestellte Gerüst zum Brunnenbohren. Wieder begegnen wir einem Genossen, der allen Ernstes an eine Bartholomäusnacht glaubt, von Massenerschießungen und Konzentrationslagern fabelt. Er hätte es aus sicherer Quelle – und während des Gesprächs, mitten im Lachen, zieht ein ungeheurer Ernst auf, wenn wir uns auf einmal an die Gesichter der SA-Führer erinnern und an all das, was diese ...«

Auch an jene Zeiten erinnert das Tagebuch Bechers von 1950 immer wieder, das bereits im folgenden Jahr unter dem Titel »Auf andere Art so große Hoffnung« in hoher Auflage auf dem Buchmarkt erschien. Es war freilich kein Buch der genannten oder einer anderen neuen Art, gar nicht zu reden von der Erfüllung jener im Titel angekündigten »großen Hoffnung«. Die persönliche Rechenschaft war zwiespältig, zögerlich, bisweilen von rücksichtsloser Offenheit, wie sie später zu DDR-Zeiten kaum noch vorkam. Manches war aus dem Geheimfach, ebensoviel mag auch darin verschwunden und liegengeblieben sein. So gut wie nichts kam vom amtierenden Minister zutage, so gut wie keine neuen oder gar waghalsigen literarischen Erkenntnisse fanden sich darin. Stattdessen viel Offizielles, Vordergründiges, allzu Bekanntes – »Bemühungen und Erörterungen« um Kunst und Literatur des sozialistischen Realismus, dessen Realität noch überaus vage erschien. Was in diesem Tagebuch und in den weiter darauf folgenden Bänden zur Zeit- und Kulturbetrachtung von ihm wirklich zu sagen und schreiben gewesen wäre, hatte er wohl bedacht, wie man später erfuhr, teils auch notiert, jedoch verheimlicht und letztlich aus den Manuskripten getilgt – harte Selbstanklagen, Tabubrüche, von denen immerhin Ende der 80er Jahre einiges aus dem Nachlass publik wurde.

Mit »Selbstzensur« war der Artikel in der Literaturzeitschrift *Sinn und Form*, Heft 3, 1988 überschrieben, ein Abdruck der Texte aus den Fahnenkorrekturen, die für den im Jahre 1957 erschienenen vierten Band der Tagebuch-»Bemühungen« Bechers gedacht und dann – in Folge der Auseinandersetzungen um den XX. Parteitag der KPdSU – von ihm selbst ausgestrichen worden waren. »So ist in mir nun der Konflikt offen ausgebrochen, in dem ich mich, nur wenigen Menschen erkennbar, jahrelang verzehrte«, hatte er da eingestanden und sich selbst bezichtigt. »Ich brauche nicht das Gefühl zu haben, weiterhin mitschuldig zu werden dadurch, dass ich schweige. Es gilt, nur noch die Sprache zu finden, um all das Ungeheuerliche beredt zu machen und wiedergutzumachen, was ich durch Schweigen mitverschuldet habe. Durch mir ›aufgezwungenes‹ Schweigen, darauf kann ich mich nicht herausreden, denn ich habe mich zu wenig ernsthaft bemüht, dieses Schweigen zu durchbrechen. Erst, als die Erde bebte und die Gräber sich öffneten, habe ich mich zu denen bekannt, die anklagend aus der Tiefe stiegen.« Doch auch dieses späte Bekenntnis wurde schließlich wieder von ihm zurückgenommen, somit verfiel sein Widerruf wiederum dem Widerruf.

Aber nicht zurückgenommen hat Becher, was er trotz allem von früh an war, blieb und allen Ewiggestrigen und der Gewissenlosigkeit noch in seinen letzten Worten und Werken bekenntnishaft entgegenhielt. Darunter sein Leningedicht: »Er rührte an den Schlaf der Welt«:

Er rührte an den Schlaf der Welt
Mit Worten, die Blitze waren,
Sie kamen auf Schienen und Flüssen daher
Durch alle Länder gefahren.

Er rührte an den Schlaf der Welt
Mit Worten, die wurden Brot,
Mit Worten, die wurden Armeen,
Gegen die Hungersnot.

Er rührte an den Schlaf der Welt
Mit Worten, die wurden Maschinen,
Wurden Traktoren, Häuser,
Bohrtürme und Minen –

Wurden Elektrizität,
Hämmern in den Betrieben,
Stehen, unauslöschbare Schrift,
In allen Herzen geschrieben…

XI. Schulzenhofer Weltgeschichte

Auf die wirkliche revolutionäre Wende des Jahres 1945 folgte 45 Jahre später der gegenrevolutionäre Kehraus von 1990. Eine andere Gesellschaft hatten trotz aller Schwierigkeiten und Probleme Millionen Deutsche im östlichen Teil des Landes erlebt und gewollt, von denen nicht wenige glaubten, dass sie als Maßstab für weiteres Denken, Planen und Handeln genommen werden könnte. Die sogenannte Nachkriegsgeneration hatte daran einen wesentlichen Anteil, darunter die den Brechts folgende Schriftstellergeneration, die in den mühsam beiseite geräumten Kriegstrümmern ihre entscheidenden Schul- und Lehrjahre absolvierte und dann mit dem Schreiben begann. Einige der Vorbilder, Traditionen und politischen wie literarischen Maßstäbe sind hier genannt worden, die zu widerrufen es auch heute keinerlei Gründe gibt. Dennoch herrschte seit 1989 hierzulande eine schreierische Unduldsamkeit, die eher zu als abnahm, wodurch fast alles Eigenständige aus DDR-Zeiten befehdet, verteufelt und vernichtet worden ist – darunter Millionen Bücher aus ehemals volkseigenen Verlagen, Druckereien, Buchhandlungen und Bibliotheken.

Trotzdem konnte nicht restlos alles Neue und Umstürzlerische niedergemacht werden, gleich gar nicht das Wissen, die Kenntnisse und Erfahrungen in den Köpfen. Die einstige Nachkriegsgeneration war nun die der Alten, schon zusehends dezimiert, doch immer noch willens und in der Lage, dem schlimmsten Lauf der Dinge Contra zu geben. Aufsehen erregte der Anti-Antikommunismus – ebenfalls ganz im Tucholskyschen Sinne – des Peter Hacks, von dem in rascher Folge neue Gedichte, Stücke, Geschichten, auch Anekdotisches und Tolldreistes aus der Privat- und politischen Geheimschatulle durch mutige linke Verlage veröffentlicht wurden. Und noch nach seinem Tod 2007 erschienen Erinnerungen und Ausgewähltes, sogar eine Werk-Ausgabe in 15 Bänden, leider bislang kein hinterlassenes Tagebuch.

Herrmann Kant legte ebenfalls freimütige Bekenntnisse über die »Sache und die Sachen« vor, einen 300-Seiten-Dialog, der zum Bestseller wurde – in Scharen strömen die Leser zu Lesungen und Diskussionen in Ost und auch West. Noch schreibt der über Achtzigjährige an neuen Geschichten, auch notiert er, wie man hört, weiterhin Nachdenkliches zur »Sache und die Sachen« in seinem Tagebuch. Ein Sudelbuch?

Hingegen hätte wohl Erwin Strittmatter seine Tagebücher anders als Lichtenberg oder Tucholsky kaum »Sudelbücher« genannt oder nennen lassen. Schon in frühen Jahren bis kurz vor seinem Tod notierte er regelmäßig alles »Wesentliche« des alltäglichen und politischen Geschehens, hauptsächlich jedoch Einfälle und Probleme seines literarischen Schaffens und des Eintritts in die NEUE WELT nach dem Kriege, aus dem er keineswegs unversehrt heimgekehrt war. Jüngst erst ist ein Aufsehen erregender umfänglicher Sammelband seiner Tagebücher aus den Jahren 1954 bis 1973 erschienen, die beredt davon Zeugnis geben. Als kritischer Beobachter und Chronist schrieb er fast täglich nieder, was er sah, hörte und über sich und andere

Leute dachte, nicht zuletzt über die, die im Lande das »Sagen« hatten und seiner Meinung nach – besonders in künstlerischen Fragen – nicht immer die besten Richter und Wegweiser waren. Oft sind es Ärgernisse, Klagen und Anklagen, doch auch viele freudige Ereignisse und Begegnungen, die er ausführlich schildert – Selbstlob und Selbstkritik nicht ausgeschlossen. Handschriftlich hielt er in kleinen Din-A5-Heften, wie sie Schüler als Vokabelhefte benutzten, seine Mühen und Qualen ebenso auch die Glücksmomente des Bücherschreibers, Erzählers und Vorlesers vor kleinem oder großem Publikum fest. Nicht selten schrieb und notierte er unterwegs auf seinen Waldspaziergängen und an den nahen Seen beim Schulzenhof, Ideen zu Überarbeitungen oder neuen Romankapiteln, gelegentlich nur Stichworte fürs Tagebuch oder zum Diktat für seine Sekretärin. In seinem Nachlass sollen sich nahezu 500 solcher ›Groschenhefte‹ befinden, dazu noch Sonderhefte zu Reisen, Kongressen mit literarischen Notizen, auch Pferde- und Fototagebücher mit eigenen Fotos und Familienbildern vom Schulzenhof.

Sehr gewissenhaft und konsequent, durchaus von vornherein auf eine literarische Verarbeitung und spätere Veröffentlichung bedacht, führte er sein »tägliches Kassabuch«, wie er es auch zuweilen nannte. Von Zeit zu Zeit stellte er diese Unternehmung in Frage – so im Januar 1957: »Die Aufzeichnungen (ich las zwei Hefte vom Anfang des Vorjahres durch) enthalten noch viel Unwesentliches.«

1961 geriet seine Selbstkritik gar zu einer »KLEINEN ZWISCHENPREDIGT«, die darin gipfelte, dass er sich noch fester vornahm, »zielsicher jedem Tag das Wichtigste für das Tagebuch« abzugewinnen.

Erwin Strittmatter (1912-1994)

»Man muss den Buch- und Sonntagsstil auf das tägliche Leben übertragen.« Acht Jahre später notierte er in noch gehobenerer Stimmung, dass er seine Merkhefte als »Proben auf den Zustand«, in dem er sich in den nächsten Jahren befinden werde, ansehe.

Und dann verzweifelt und wirklich aller »Nebensächlichkeiten« überdrüssig im November 1973: »EIN SCHRIFTSTELLERKONGRESS ist gewesen. Er hat mich sieben Tage lang gehindert, eine Zeile zu schreiben.« Und drei Wochen später, 3. Dezember: »ICH DENKE AN DIES und das, aber alles ist so kraus, dass es sich nicht lohnt, es aufzuschreiben. Viele Denkereien beziehen sich jetzt wieder auf den Roman.«

Aber gerade in Zeiten, wenn er beim Romanschreiben und zu seiner Mit- und Umwelt in Schwierigkeiten geriet, griff er gern auf die kleinen Hefte zurück, vertiefte sich darin und nutzte sie nicht anders wie seine Vorgänger im Geiste ihre »Sudelbücher« nutzten. Schon zu Lebzeiten erschienen Auswahlbände mit von ihm ausgesuchten Sprüchen, kleinen Geschichten, Anekdoten, Landschaftsschilderungen, Alltags- und Reisebegebenheiten. Er sorgte dafür, dass sie meist vom Verlag und befreundeten Malern exzellent aufgemacht und illustriert unter die Leute kamen, meist in vielen hohen Auflagen.

Am 29. Juli 1963 schrieb er freudig darüber ins Tagebuch: »Ich machte die ersten Auszüge aus dem Tagebuch. Schon beim Abschreiben entdeckt man die Möglichkeiten, die in den kleinen Tagebuch-Geschichten stecken.« Zuerst erschien der »Schulzenhofer Kramkalender« (1966), dann »Ein Dienstag im September« (1969), »3/4hundert Kleingeschichten« (1971), »Die blaue Nachtigall oder Der Anfang von etwas« (1972), »Meine Freundin Tina Babe« (1977), »Selbstermunterungen« (1981), »Wahre Geschichten aller Ard(t)« (1982) und zuletzt »Die Lage in den Lüften. Aus Tagebüchern« (1990).

Nach dem Tode Strittmatters lagen damit neben seinen Romanen und Erzählungen genügend authentische Zeugnisse seines Lebens und Denkens für eine redliche Betrachtung und Beurteilung von Mensch und Werk vor.

Als dann noch anlässlich seines hundertsten Geburtstages 2012 jener umfassende Tagebuchband der Jahre 1954-1973 erschien, der immerhin den Obertitel NACHRICHTEN AUS MEINEM LEBEN trägt und vieles auch aus seinem früheren Lebensweg offenlegt, wäre es nun höchste Zeit gewesen, sich wirklich kundig zu machen, statt weiter die Gerüchte über seine Beteiligung an faschistischen Verbrechen zu nähren, für die es keinerlei begründete Anhaltspunkte gibt. Eilfertig gewendete Literaten und Feuilletonisten auch hier im Osten, die sich einst nicht tief genug vor diesem eigensinnigen Mann verneigen und seine Werke beweihräuchern konnten, spuken noch immer Abscheu, Verdammnis und Denunziantengeschwätz und scheuen weder Rufmord noch DDR-Fledderei für den billigen Lohn neudeutscher Geschäftigkeit.

Jetzt sollten sie wenigstens diese Tagebucheintragungen zur Kenntnis nehmen – Eingeständnisse, dass ihn in Wahrheit die Geschehnisse des Krieges noch Jahrzehnte später bis in die Träume verfolgten und die Schuld ihn nie losließ, beim schändlichen Vernichtungskrieg Nazideutschlands dabeigewesen zu sein:

Dollgow/Frankendorf, 14. Oktober 1956: »Gegen Morgen allerdings böse Träume von rohen SS-Leuten, die mich und eine Gruppe illegaler Arbeiter abführen. Wir schauen uns an, und jeder weiß, es gibt kein Zurück ins Leben mehr.«

Leningrad, 6. August 1963: »Ich kann mich dem Ansturm von Kollektiv-Scham nur entziehen, wenn ich daran denke, dass den ganzen Krieg über keine Kugel meinen Gewehrlauf verließ.«

Berlin, 6. Mai 1964: »Als man hier um Berlin herum vor 19 Jahren den TAG DER BEFREIUNG feierte, befand ich mich als Zivilist noch zwischen den

Kanonen des verrücktesten Hitler-Generals Schörner und den Kanonen der Amerikaner. Es erscheint mir noch heute wie ein Wunder wie ich dem Hexenkessel und der Hitler-Gendarmerie entkam. Ich hatte mit dem Leben abgeschlossen, da wurde es mir geschenkt.«

Berlin, 1. Juni 1968: »Gelesen: Kusnezow, BABI JAR (zu Ende). Nach der Lektüre dieses Buches weiß man die finsteren Mienen der Kellner und Bedienungsmädchen, überhaupt die Verschlossenheit der Bevölkerung von Kiew zu deuten, wenn sie es mit Deutschen (gleich welcher politischen Einstellung) zu tun hat. Man weiß auch, dass man, so wie es aussieht, in seinem Leben nicht mehr nach Kiew fahren wird; denn dort haben die Deutschen sich nicht nur wie Barbaren, sondern wie Tiere aufgeführt, und das mitten im zwanzigsten Jahrhundert. Und ob man dabei war oder nicht, man ist Deutscher und muss sich verantwortlich fühlen.«

Es mag sein, dass nach 1990 Strittmatter manchen Leuten beiderseits der abgebrochenen Mauer im Wege gestanden hat. Er war ein geachteter und populärer Schriftsteller, der nicht leichterhand wie zahllose andere DDR-Autoren auf Grund dubioser Akten, Denunziationsgeschwätz und sogenannter »Staatsnähe« zur Unperson erklärt und als Konkurrent und Widerpart in den politisch-literarischen Auseiandersetzungen beiseitegeschoben werden konnte. Seine Bücher wurden zwar auch in dem eilfertigen Kehraus der Wendewut aus den Bibliotheken und Buchhandlungen entfernt und tonnenweise mit denen seiner Kollegen auf Müllhalden gekippt, doch die Anhänglichkeit und Nachfrage seiner Leserschaft blieb – weder durch die Aktenlage noch die Marktfrage ließ sich der Fall Strittmatter regeln. Gleich gar nicht, als die Bände des »Laden«-Romans eins bis drei und auch andere Geschichten und Erzählungen neu und wieder neu erschienen und dann auch noch der »Laden«-Film ein begeistertes Millionenpublikum in Ost und West fand.

Wieso sollte er da Buße tun und sich etwa für seine Bücher, Ansichten und seine Parteizugehörigkeit entschuldigen, wie es damals, selbst bei einigen seiner Parteifreunde, Mode wurde – er dachte nicht daran. Und hätte wiederum auf seine Bücher verweisen können, die Tagebücher, die in dieser Hinsicht ganz und gar »Sudelbücher« im Geiste Lichtenbergs und Tucholskys sind:

Dollgow, 4. Oktober 1956: »Sozialismus – das ist für mich etwas Gutes, etwas wofür ich mit freudigem Herzen kämpfen will. Sozialismus ist für mich – etwas Gutes für die kleinen Leute, für die Unterdrückten tun.«

Dollgow, 23. Juni 1960: »Ich muss schaffen. Ich muss etwas geben können. Mit dem die Genossen, die Nachbarn, meine Leser etwas anfangen können«

Dollgow, 26. Januar 1973: »ICH BIN KEIN MARXIST MEHR, aber auch kein Gegner des Marxismus. Diese Alternative (Gegner) ist eines denkfähigen Menschen unwürdig.«

Er war trotz alledem ein hartgesottener und unbeirrbarer ANTI-ANTIKOMMUNIST.

*

Und noch einer aus dieser Gilde der Anti-Antikommunisten hat tatsächlich ein »Sudelbuch« (und nicht nur eines!) geschrieben und auch so benannt: Armin Stolper, Jahrgang 1934, in Breslau geboren, seit Jahrzehnten zu Hause in Berlin. Trotz aller gegenwärtiger Nackenschläge und Desillusionierungen verstummte und verbitterte der leidenschaftliche Theatermann nicht, der jetzt bei keinem Theater mehr tätig sein kann, und überschrieb sein jüngst veröffentlichtes Sudelbüchlein sogar dreist mit: »Meine geliebte stolze Republik.«

Es sind Notizen aus DDR-Zeiten, die er hervorgekramt und pfiffig kommentiert hat. Nicht zum ersten Mal zeigte sich hier, dass Notiertes aus einem solchen Merk- und Arbeitsbuch, das lediglich als Gedächtnisstütze oder zur privaten Erinnerung dienen sollte, nun zum bedeutsamen Zeitdokument wurde. Besonders das, was er in den siebziger und achtziger Jahren des vorigen Jahrhunderts über das familiäre, dörfliche und städtische heimatliche Leben – zumeist in der Lausitzer und Dresdner Gegend – aufgeschrieben hatte, erweist sich heute von besonderem Interesse. Nicht nur ein Jahrhundert und Jahrtausend, sondern eine keineswegs beiläufige Epoche der Weltgeschichte waren seither vergangen, woran auch dieses »Stolperländchen« teilhatte.

Wer selbst in diesen Zeiten dort gelebt hat, liest mit mehr oder minderem Vergnügen von diesem kunterbunten menschlich-allzumenschlichen Treiben, von den Käuzen, Phrasendreschern und Duckmäusern, den VEB-Doppelverdienern, rotzfrechen Gastwirten, Handwerkern, Wunderheilern und Wunderpredigern, ohne sich viel über Wunderlichstes zu wundern: So eine angeblich viermal verheiratete Schönheit, die trotzdem Jungfrau geblieben war – fraglich ob nur wegen der beruflich-gesellschaftlichen Überbelastung der DDR-Männer? Oder ein wirklicher und leibhaftiger Landdoktor, der in seinem arg überfüllten Wartezimmer Pfannkuchen und Törtchen an die »Kranken« verteilen ließ und sie dann als »geheilt« heimschickte, nachdem die alles mit bestem Appetit verspeist hatten – dies ohne jegliche neuzeitliche Praxisgebühren und Zuzahlungskosten.

Stolper, einst Dramaturg und Dramatiker bei den sagenhaften Theatertruppen von Senftenberg, Maxim-Gorki-Berlin, Halle, Deutsches Theater, jetzt wackerer Theater- und Zeitchronist in Prosa, meint und nimmt das alles durchaus nur in Maßen ernst, wenn auch nicht jede Bosheit auf unser abgeschafftes Ländchen und das sich dagegen heftig zur Wehr setzende Heimwehgefühl. Ja. dieses verflixt Ost-Nostalgische und dass es einem »wehmütig ums Herze wird«, wie er gesteht, sobald man sich in solche Niederschriften und Erinnerungen verliert.

Dawider setzt er »Stolpersteine«, Anmerkungen und Zusätze aus den Jahren 2005 und 07: »Bei der Aufzählung aller unbestreitbaren Errungenschaften, die wir freilich in sträflicher Weise als viel zu selbstverständlich hinnahmen und von denen wir zumeist kein großes Aufhebens machten, vergessen wir allzu oft, wie unverkrampft und nicht immer auf den Höhen der Geschichte stehend wir in diesem Lande gelebt haben; wie manches uns anstank, was für Witze wir machten, wie wir gegen die Obrigkeit und alle Verfehlungen wetterten, die uns schwer zu schaffen machten, wie blöde man sicht oft selber benahm. Trotzdem ein Beweis für die Lebens- und Liebenswürdigkeit der DDR? Ja, gerade das, denn ein Land ist nie mehr, als seine Leute hergeben.«

XII. Sonntagmorgen bei Sonja

Es war das vertraute Reihenhaus in der Nähe des Plänterwaldes mit dem Gartenweg zur Tür, dem schmalen Flur und Wohnzimmer mit dem Blick in den Garten, wo ich oft gewesen bin in den vergangenen Jahren und Jahrzehnten. »Viel zu selten lässt du dich sehen«, sagte Sonja – mit bürgerlichem Namen Ursula Beurton, als Schriftstellerin Ruth Werner – und begrüßte mich freudig an diesem Sonntagmorgen im zeitigen Frühjahr 2000. Sie sei jetzt nicht mehr so beweglich und habe zwar die Kinder und Kindeskinder um sich, die sich lieb um sie kümmerten, doch sie vermisse die alten Freunde und Genossen sehr, die sie sonst allenthalben bei Versammlungen und anderen Gelegenheiten getroffen habe.

So genau wisse sie ja nicht, wie viel Zeit ihr noch bliebe, und sie habe uns vielleicht doch noch dies und jenes zu sagen. Es war kurz vor ihrem 93. Geburtstag, ihrem letzten.

Keine Frage, dass sie jetziges Geschehen erregte und mit Sorgen erfüllte, nichts beunruhigte sie mehr als die weggebrochene, kleiner gewordene, jedoch nicht gänzlich verlorene Basis für eine bessere Welt. »Allzu optimistisch sehe ich nicht in die Zukunft, aber es galt für mich immer, selbst in den scheinbar ausweglosesten Situationen: Der Mensch braucht, ohne sich in Fantasien zu flüchten, sein Segment Hoffnung und Traum, das er nie aufgeben darf.«

Im Gespräch war sie wie immer, wach, rege und neugierig, anteilnehmend an allem, was rings um sie und weit in der Welt geschah, nur von sich sprach sie kaum. Mich fragte sie nach meiner Arbeit, meiner Familie und besonders den Kindern. Ob ich wenigstens Fotos von ihnen bei mir hätte, sie wüchsen so schnell auf, und wie lange habe sie die nicht gesehen. Ebenso eindringlich erkundigte sie sich, wie es um meine Schreiberei und die Probleme der Schriftsteller stünde. Mein letztes Buch und auch neue Manuskriptseiten hatte sie gelesen, sprach und stritt wie in alten Zeiten mit mir, jedoch behutsam und bemüht, mich nicht in bodenlose Selbstzweifel zu stürzen. »Aber wer wird deine neue Geschichte heutzutage drucken?« fragte sie besorgt. »Hast du jetzt einen Verlag?«

Früh lese sie die Zeitung, es dauere neuerdings etwas länger, sagte sie. Im Fernsehen verfolge sie die aktuellen Sendungen, anderes interessiere sie da kaum noch. Die meiste Zeit widme sie ohnehin dem Bücherlesen, das sei noch extremer geworden, seit sie selbst nicht mehr Bücher schreibe – damit sei es endgültig vorbei. Wer wolle und drucke sie denn überhaupt?

„Auch kein Tagebuch, irgendwelche Notizen?« fragte ich und gab zu bedenken, dass bei weitem nicht alles, was von ihrem unerhörten Lebensweg zu berichten wäre, aufgeschrieben und gerade den Jüngeren bekannt geworden sei. »Wer könnte es ihnen denn erzählen, wenn nicht du?«

Doch sie schüttelte den Kopf, winkte ab. Nein, es sei genug – dennoch freue es sie, dass in England und in China, wie sie dieser Tage erfahren habe, ihre Biographie »Sonjas Rapport« – um ein wichtiges Kapitel ergänzt – in Übersetzungen erschienen sei. Und dass ein kleiner linker Verlag die Erzählung »Der Gong des Porzellanhändlers« neu aufgelegt und damit auch bei der Jugend, wie der Ansturm auf dem Berliner Solibasar bewiesen habe, guten Anklang fände. Gern wolle sie sich wieder den Lesern stellen, wenn jetzt ebenfalls die Erzählung »Muhme Mehle« von demselben Verlag herausgegeben würde. Sonst war nach 1990 bisher nichts von ihren Büchern, die früher hohe Auflagen und stets großes Interesse erweckt hatten, erschienen.

Ich kannte Ruth Werner schon weit länger als ein Jahrzehnt, als sie mir gegen Ende des Jahres 1976 das Manuskript dieser Erzählungen zu lesen gab und gar nicht erwarten konnte, bis ich sie gelesen hatte und zu ihr kam. Wir saßen damals im selben Zimmer, ihr inzwischen verstorbener Mann Len, der Gefährte bei der illegalen Tätigkeit in der Schweiz und in England, war dabei gewesen.

Zum ersten Mal erfuhr ich durch diese Erzählungen und das Gespräch etwas mehr von ihrem »ersten Leben«, der Kundschaftertätigkeit, das sie von ihrem »zweiten Leben«, das der Schriftstellerin, bis dahin strikt getrennt und geheim gehalten hatte. Noch war damals nicht entschieden, ob auch »Sonjas Rapport«, das längst geschriebene Erinnerungsbuch, erscheinen würde. Erst ein Jahr später konnte ich einen Blick in dieses Buch werfen und vollends die Ausmaße dieses »Doppellebens« begreifen. Sie wehrte sich jedoch damals und bis zuletzt gegen allzu dramatische Bewertungen und Würdigungen: »Nach meiner Erfahrung löst sich im täglichen Leben jeder Held in einen normalen Menschen auf«, schrieb sie im »Gong des Por-

Ruth Werner (1907-2000)

zellanhändlers«. Das war mit Blick auf Richard Sorge gesagt, ihr Vorbild und ihr einstiger Kampfgefährte. Noch weitaus »normaler« sah sie sich selbst: »Niemand wird von mir verlangen, dass ich mich als Held betrachte, das wäre ja geradezu dumm. Der Kampf gegen Faschismus und Krieg war für uns selbstverständlich, damals schloß er Illegalität und Gefahr mit ein. Das war der Alltag für uns. Man sucht sich die Zeit, in der man lebt, nicht aus. Für mich war es ein Glück, dass ich als Kommunist aktiv arbeiten konnte.

Sonst wäre ich in der schweren Zeit moralisch kaputtgegangen.«

Mit siebzehn Jahren war sie Mitglied des Kommunistischen Jugendverbandes geworden, zwei Jahre später Mitglied der Kommunistischen Partei – da erhielt sie, als sie einen Streik mitorganisierte, prompt die Entlassungspapiere vom Ullsteinverlag, wo sie im Buchvertrieb gearbeitet hatte.

Sie gründete und leitete danach die »Marxistische Arbeiterbibliothek«, schrieb für die »Rote Fahne« und »Welt am Abend« erste Artikel. 1930 übersiedelte sie mit ihrem Ehemann nach China, der dort als Architekt eine Anstellung gefunden hatte. Das war zugleich der Beginn ihrer illegalen Arbeit als Angehörige des sowjetischen Auflärungsdienstes der Roten Armee. In Schanghai gehörte sie mehrere Jahre zur Kundschaftergruppe Richard Sorges, der ihr den Tarnnamen Sonja gab. Später unterstützte sie in der Mandschurei mit chinesischen Kommunisten den Widerstand gegen die japanischen Besatzer. Bis 1938 war sie illegal in Polen und Danzig eingesetzt, dann in der Schweiz und schließlich von 1941 bis 1950 in England.

In den Jahren des Krieges nahm sie dort von Klaus Fuchs, der als Physiker an der Entwicklung der Atomwaffe beteiligt war, wichtigste Geheimdokumente entgegen und beförderte sie weiter nach Moskau, so dass die Sowjetunion schon im Jahre 1949 das Kernwaffenmonopol der USA und Großbritanniens brechen konnte. Das war eines der folgenreichsten Geschehnisse des vergangenen Jahrhunderts auf der Waagschale Krieg oder Frieden, angesichts späterer Atombombendrohungen im Korea- und Vietnamkrieg sowie der hochbrisanten Kuba-Krise. Markus Wolf schrieb in seinen Erinnerungen, in der er ihres denkwürdigen Einsatzes gedachte: »In der Regel fuhren Fuchs und Ruth Werner mit dem Fahrrad in den Wald, und dort übergab der Physiker die Informationen schriftlich von Hand zu Hand. Dabei handelte es sich um Kopien seiner eigenen Arbeiten oder um mit seinem nahezu fotografischen Gedächtnis gespeicherte und danach niedergeschriebene Erkenntnisse über das gesamte Projekt. Ruth Werner erzählte mir später, dass sie aus Neugier zwar einen Blick auf die Formeln geworfen hatte, als Laie jedoch den Hieroglyphen in Fuchs unendlich kleiner Schrift nicht das Geringste entnehmen konnte.« Trotzdem hatte sie gewusst, worum es dabei ging, und gerade diesen Kundschafterdienst mit bestem Wissen und Gewissen getan, wie es später auch Klaus Fuchs von sich sagte: »Ich hatte nie das Gefühl, mir etwas zu Schulden kommen zu lassen, als ich Moskau mein Geheimwissen zur Verfügung stellte. Es wäre mir wie ein sträfliches Versäumnis erschienen, das nicht zu tun.«

Das ließ sich nicht aus dem Kopf wegwischen, wenn man dieser Frau nun gegenüber saß. Doppelt und dreifach war sie in all den Jahren und Ländern, wo sie unter fremden Namen gelebt und agiert hatte, in Lebensgefahr gewesen: Sie war Jüdin, Kommunistin, Kundschafterin im Auftrag der Roten Armee – und somit vielfacher Verfolgung und Todesdrohung ausgesetzt. Doch davon sprach sie nicht, sondern mit großer Hochachtung von Klaus Fuchs, alles erinnere sie wieder an ihn, in dieser Zeit neuer drohender Kriege und noch schlimmerer Massenvernichtungs-Waffen. Immerhin sei bis jetzt ein Atomkrieg verhindert worden – aller Verwünschungen und Bestrafungen unseres Widerstands zum Trotz. Sie selbst habe Glück gehabt, anders als Klaus Fuchs sei sie durch glückliche Umstände und die rechtzeitige Warnung und Flucht in die DDR der Verhaftung, Verurteilung und Gefängnisstrafe entgangen. So sieht sie auch ihr »zweites Leben«, das der Schriftstellerin, und welches Echo ihre Bücher hier im Lande und auch anderswo fanden, als einen Glücksfall und ein Geschenk an. »Es ist großartig, noch im Alter einen solchen Beruf zu haben, der so viel fordert«, schrieb sie in »Sonjas Rapport«. »Vielleicht trägt die Freude daran mit dazu bei, dass ich nicht von der Vergangenheit zehre, sondern intensiv mit dem Heute beschäftigt bin. Doch ganz kann man sich nicht von dieser Vergangenheit lösen.«

Kein Lösen von der Vergangenheit, intensives Beschäftigen mit dem Heute – das gilt für sie auch in dieser Morgenstunde. Vielleicht haben wir uns, als wir vor dem brachialen Wendejahr unsere Bücher schrieben, beisammen saßen und miteinander darüber sprachen, nicht immer bis ins Letzte darüber verständigt, worauf es angekommen wäre, und was mit allem, was wir taten, dachten, zu Papier brachten oder ungesagt und ungetan ließen, auf dem Spiele stand. Was war denn nicht alles vorausgegangen, dass wir über Jahrzehnte – die besten Jahre unseres Lebens – so zusammen sein, uns freuen, auch über unsere Phraseologie, Bürokratie und Unterlassungen ärgern, streiten, lachen konnten, immer wieder auch in Ruth Werners Haus am Plänterwald, unweit des Treptower Parks und der Gräber der Sowjetsoldaten. »Mir wäre es, marxistisch-wissenschaftlich gesehen, nicht möglich, an eine Ewigkeit zu glauben«, schrieb Ruth Werner damals.

»Außerdem ist für mich unser Leben so groß und vielfältig, interessant und lebenswert, dass ich keinen Gedanken an die Ewigkeit brauche. Ich betrachte mein kurzes Leben auch nur als Teil des Lebens der gesamten Menschheit, vor uns waren Generationen. Mein Ziel ist, dass Menschen auf der Erde besser und glücklicher werden. Deshalb bin ich Sozialist.«

Als sie mich an der Tür verabschiedete, erinnerte sie mich noch an ihren baldigen Geburtstag und dass ich da unbedingt wiederkommen müsse. »Denk mal, ich werde dreiundneunzig«, sagte sie lächelnd. »Es stimmt wohl doch: Totgesagte leben länger.«

Ihr Geburtstag war am 15. Mai – sie starb am 7. Juli 2000.

*

Sieben Jahre nach Ruth Werners Tod, im Mai 2007, fand anlässlich ihres 99. Geburtstags eine Lesung und Debatte zu ihrem Leben und Werk in der Aula der Treptower Volkshochschule, nahe ihres einstigen Wohnhauses, statt. Es waren viele ihrer Freunde und Leser gekommen, Stühle mussten herbeigeholt werden und auch die reichten nicht aus, damit alle Platz fanden. Ihre Tochter und die zwei Söhne waren da, sie erzählten kunterbunt von ihrem abenteuerlichen Leben, die Sprachen, Schulen und Länder häufiger wechselnd als Schuhe und Kleider. Markus Wolf schilderte die aufsehenerregende Geschichte der Entstehung des Buches »Sonjas Rapport« samt der Schwierigkeiten, seine Veröffentlichung durchzusetzen, woran so oder so Erich Honecker und er einen Anteil hatten. Ich las einige Passagen aus meinem inzwischen erschienenen Buch über Ruth Werners und Klaus Fuchs' »Geheimtreff in Banbury«.

Zum Schluss des Abends wurde von der Berliner PDS-Wahlkreis-Abgeordneten Jutta Matuschek der Vorschlag eingebracht, im kommenden Jahr – in dem Ruth Werner ihren 100. Geburtstag gefeiert hätte – eine Straße im Stadtbezirk Treptow-Köpenick nach Ruth Werner zu benennen. Erste Unterschriften dafür wurden an Ort und Stelle gesammelt, bis zu Beginn des Jahres 207 lagen etwa 700 Zustimmungen vor.

Ein Bündnis aus dem Bürgerverein Plänterwald, dem Bund der Antifaschisten Treptow und der VVN Köpenick, hatte sich mit dem Vorschlag ebenso solidarisiert wie die Fraktion der Linkspartei-PDS. Diese stellte im März in der Bezirksverordneten-Versammlung Treptow-Köpenick einen Antrag, anlässlich des 100. Geburtstages der Schriftstellerin den Uferweg zwischen Abteibrücke und Baumschulenstraße – der ihr liebster Spazierweg gewesen war – in »Ruth-Werner-Promennade« umzubenennen. Darüber gab es dann sehr kontroverse Diskussionen.

Aber erst einmal war der Antrag »Ruth Werner« als 22. Tagungsordnungspunkt der BVV Treptow-Köpenick im März 2007 gar nicht zur Abstimmung gekommen, sondern an den Ausschuss für Bildung und Bürgerdienste verwiesen worden. Als ich davon erfuhr, ging ich zu der öffentlichen Sitzung und bekam Erstaunliches und schier Unglaubliches zu hören. Der SPD-Fraktionsvorsitzende wandte sich wortreich, ohne ernstlich Fakten zu bemühen, strikt gegen den Linkspartei-Antrag, weil da jemand geehrt werden solle, »der aus dem Täterbereich« komme. Der anwesende Bildungs-Stadtrat von der CDU, der zuvor eine

Stunde lang die Abschaffung zweier Bibliotheken in Treptow als äußerst dringlich und unvermeidlich dargestellt hatte, ließ nun kraft seines Amtes vernehmen, dass es gerade noch fehle, eine »Tschekistin« auf ein Straßenschild zu bringen – wohl weil es jetzt hier im Stadtbezirk kein »Dzierzinsky-Regiment« mehr gäbe?

Der FDP-Vertreter geriet gänzlich außer Rand und Band: »Ist denn sicher, dass Ruth Werner keinen Menschen ans Messer geliefert hat?« Außerdem halte er es »nicht für ehrenwert«, dass sie nach dem Krieg die englischen Atombombenpläne an die Sowjets verraten habe.

Es half nichts, dass die Linkspartei-Vertreter und wir Gäste, die immerhin Rederecht bekamen, auf die Zeit und die Umstände verwiesen, als dies geschah: Noch herrschte Krieg, der erbittertste, blutigste Krieg der bisherigen Weltgeschichte – Todfeinde waren die Faschisten, und Ruth Werner stand auf der Seite der Befreier Deutschlands, der Alliierten. Und dazu zählte die Sowjetunion und die Rote Armee, der sie als Kundschafterin angehörte.

Man stimmte trotzdem mit knapper Mehrheit: 5 zu 4 *gegen* die »Tschekistin«.

Am 26. April 2007 gab es wiederum eine äußerst kontroverse Debatte in der Bezirksverordneten-Versammlung Treptow-Köpenick und die endgültige Entscheidung.

Der Antrag zu Ehren Ruth Werners wurde abgelehnt.

XIII. Abschied von meinem Freund

Es geschah kein Wunder, obwohl die Hoffnung trotz Günter Görlichs schwerer Krankheit bis zuletzt da war. Noch wenige Wochen zuvor, zwar ans Haus und schließlich ans Bett gefesselt, war er hellwach, wenn man ihn anrief und mit ihm sprach oder er selber anrief, an vielem wie früher beteiligt und interessiert. Die große weite Welt und die Kleinlichkeiten des Alltags beschäftigten ihn und regten ihn auf.

Aber mit dem Schreiben hatte er nach seinem achtzigsten Geburtstag Schluss gemacht, vorher nicht, keineswegs wie andere in der wendigen Zeit des Schocks und der grassierenden Resignation und Ratlosigkeit. Fast bis zuletzt konnte ich es nicht lassen, ihn weiter zu ermuntern und sogar zu drängen, doch noch einmal etwas über seine frühen Jahre und die höllischen letzten Kriegstage in der Breslauer Festung angesichts jetziger kriegerischer Bedrohungen zu schreiben. »Hab ich doch«, sagte er darauf nur. »Und wer will und liest uns denn noch?«

Er hatte wahrlich sein Werk getan und ein Leben gelebt, von dem er niemals viel Aufhebens gemacht und eher staunend das Interesse und den Zuspruch anderer dafür empfunden hatte. Nun war schon eine Weile Stille um ihn, seine nächsten Angehörigen sind bis zuletzt bei ihm gewesen, seine Frau Hanka buchstäblich bis zu seinem letzten Atemzug. Wir, seine alten Weggefährten, waren froh, dass wir ihn immer noch übers Telefon erreichen konnten – ohne wahrhaben zu wollen, dass es die letzten und allerletzten Gespräche miteinander waren, die stets mit der gegenseitigen Versicherung: »Wir bleiben in Verbindung!« endeten, so wie einst von ihm quasi »dienstlich« eingeführt in den ereignisreichen Zeiten unseres gemeinsamen Berliner Schriftstellerverbandslebens.

Welch ein Leben, welch lebensvolle Bücher schrieb er in den vergangenen fünf Jahrzehnten – es war ihm nicht an der Wiege gesungen worden. »In der Hinterhauswohnung meiner Großeltern begann mein Erdendasein«, schrieb er in seinen Erinnerungen. »In der schmalen Küche war mein Platz an einem winzigen, niedrigen Tisch, den Großvater mit dem dazugehörigen Schemel für mich gebaut hatte. Es gab noch einen Flur, von dem zwei ebenso schmale Zimmer mit hintereinander stehenden Betten abgingen, kein Bad, das Klo eine halbe Treppe tiefer.«

Er war noch nicht siebzehn Jahre, da erreichte ihn in dieser Hinterhofwelt die Einberufung zum Arbeitsdienst, was dann von einem Tag zum anderen den Einsatz in einer »Kampfgruppe Hitlerjugend« zur Verteidigung der zur Festung erklärten Stadt Breslau bedeutete, dem letzten Aufgebot für den Kampf bis zum Letzten. Doch schon Tage vor dem 8. Mai 1945, der landesweiten deutschen Kapitulation, flüchteten dort Ältere und viele der Jüngsten aus der Hölle in sowjetische Gefangenschaft, darunter Günters Vater, der Feldwebel Görlich, ein Eisenbahner und einstiger Reichswehrsoldat, an seiner Seite der Sohn. Man mag es nicht glauben, die beiden marschierten gemeinsam ins erste Auffanglager, zum Abtransport im selben Güterwagen, zur weiten, viele Wochen dauernden

Reise bis zum Ural. Endstation war am Ufer der Kama – ein altes russisches Straflager an einen Flusshafen, weitere Jahre verbrachte er im nördlicheren Ural – Steinkohlenschacht Nr. 1 des Kombinats Stalin.

Kaum vier Monate hatte er in Breslau dem letzten Kampfaufgebot angehört, doch vier Jahre dauerte insgesamt seine Gefangenschaft im Ural. Im Oktober 1949 kehrte er heim – nicht nach Breslau, in das nun polnische Wroclaw, wo die Mutter im ersten Nachkriegswinter an Hungertyphus gestorben war. Sein eher entlassener Vater lebte inzwischen in Ludwigsfelde bei Potsdam mit den jüngeren Geschwistern und hatte wieder geheiratet. »Heimkehr in ein fremdes Land« war der Titel eines seiner späteren Bücher, keine Rückschau im Zorn, kein Ausweichen vor der bitteren Erkenntnis, verlogenen Parolen gefolgt zu sein und einer verbrecherischen Sache gedient zu haben. Denn nicht nur eine Zeit des Leidens, der Reue und der Schwerstarbeit war für ihn die sowjetische Gefangenschaft gewesen, zugleich eine lebenswichtige Erfahrung. Er hatte dort Bücher wie Scholochows »Stillen Don«, Anna Seghers' »Siebtes Kreuz« und Gorkis Werke zu lesen bekommen, die für ihn wichtig und wegweisend wurden wie die Vorträge, Lektionen und Bildungsabende der Antifa-Jugend in den Lagern.

Ihm war klar, dass für ihn nun ein neues Leben begann und in dem Land, in das er heimkam, nichts mehr wie früher war. Wenige Tage nach seiner Rückkehr wurde im Osten Deutschlands die neue Republik gegründet – die DDR –, und er begann bald in einer Kiesgrube bei Teltow zu arbeiten. Wieder war es Schwerstarbeit, jetzt im märkischen Kies, dringend benötigter Baustoff für den Aufbau zertrümmerter

Günter Görlich (1928-2010)

Städte. Nach einem Jahr warb man ihn zur Volkspolizei, weil man da sehr nötig solche wackeren jungen Leute im Kampf gegen die Schieber und Buntmetalldiebe, gerade an der Grenze zum Westen, brauchte. 1951, mit dem Aufgebot der FDJ, wurde er aufgefordert, sich zum Jugendeinsatz im Zwickauer Steinkohlenrevier zu melden, wo er jedoch die Arbeit im Kohleschacht nach den Strapazen in den Ural-Bergwerken und märkischen Kiesgruben gesundheitlich nicht bewältigen konnte. Nochmals wurde er umworben, als man ganz notwendig Lehrer brauchte. »Werde Lehrer! Lernen, lernen und nochmals lernen – sagt Lenin. Deshalb lerne Lehrer«, agitierte man allerwegs. Er konnte schwer Nein sagen, zumal in diesen Lern- und Aufbauzeiten. Also sagte er Ja.

Diesmal war es für ihn ein Glücksfall, denn der Beruf des Lehrers und Erziehers war seine wahre Berufung – woraus sich das Weitere auf seinem beispiellosen Wege ergab: das Schreiben von Büchern über Lehrende und Lernende dieses aus Trümmern wachsenden Landes, die er immer besser kennenlernte, verstand und liebevoll, zugleich kritisch-problematisch sah.

Erst einmal wurde er fast ohne pädagogische Ausbildung als Erziehungsgehilfe in den Jugendwerkhof Struveshof bei Potsdam geschickt, zu Jugendlichen im Alter von vierzehn bis neunzehn Jahren – Kriegswaisen, Rowdys, Arbeitsscheue und Kriminelle, die sich teils wild gebärdeten, ausbrachen, wiederkehrten, aber auch Erstaunliches zuwege brachten und zu erzählen wussten, sobald sie Zutrauen gefasst hatten. Sein erstes Buch, »Der schwarze Peter«, 1958 erschienen, reflektiert deutlich die dortigen Erlebnisse, auch die »Ehrgeizigen«, ein Jahr darauf, als er immerhin nach der Makarenko-Lektüre in den Nachtstunden noch eine pädagogische Ausbildung im Schnellkurs hinter sich gebracht hatte. Und er nahm an der Potsdamer Arbeitsgemeinschaft Junger Autoren teil, wo erfahrene Schriftsteller wie Marchwitza und Strittmatter sich um ihn kümmerten und zu einem dreijährigen Studium ans Leipziger Literaturinstitut schickten.

Günter Görlichs Stärke war das nachdenkliche Erzählen erlebnisreicher Geschichten mit genau beobachteten und differenziert geschilderten Charakteren von ungewöhnlichem Format. Im Roman »Den Wolken ein Stück näher« schuf er mit dem Lehrer Magnus eine solche eindrucksvolle Gestalt und Identifikationsfigur, so dass dieses Buch zum Lieblingsbuch junger Leute wurde und die Fernsehadaption mit Kurt Böwe zum »Kultfilm«, wie man heutzutage sagen mag. Ganze Schulklassen sollen die Wege nachgewandert sein, die Magnus mit seiner Klasse bis zum nächtlichen Lagerfeuerplatz auf Hiddensee gegangen war.

Mein Görlich-Lieblingsbuch ist heute noch die brisante Novelle »Eine Anzeige in der Zeitung« über den aufmüpfigen jungen Lehrer Just mit seinen dreisten Fragen und Sticheleien, ohne sich selber aus existentieller Not und Ausweglosigkeit retten zu können. Gleich dreimal tritt mir da mein Freund Günter eindringlich mit gedankenreicher Vieldeutigkeit entgegen. Einmal als dieser Just mit seinen unbequemen Fragen, ein »bunter Vogel« in der damaligen Schulwelt, der darauf bestand und von sich sagte: »Ich zensiere keine Lippenbekenntnisse. Ich strebe Aufrichtigkeit an, nur auf dieser Grundlage kann ich erfolgreich arbeiten. Heuchelei ist der Tod unserer Erziehungsarbeit.« Auch der äußerst pflichtbewusste, prinzipienfeste Schulleiter Strebelow mit argen Bedenken gegen allzu umtriebig Neues, weist manche Görlich-Eigenheit auf: »Er nahm alles sehr genau, er duldete keine Unklarheit. Arroganz konnte er nicht ausstehen.« Und Kähne, der Ich-Erzähler, hatte ohnehin eine nur spärlich getarnte Nähe zum Autor jener Jahre, wie wenn er sich selbstkritisch besah: »Ich gehe auf die Fünfzig zu und gehöre einer Lehrergeneration an, die durch die Zeitumstände gezwungen war, lange jung zu bleiben. Es ist nicht so einfach, Frische und Schwung zu zeigen, wenn man sie nicht mehr in dem Maße besitzt, wie es verlangt wird. Und dann unser mühseliger Weg, das fehlende Wissen. Diese Gründe erklären es, dass wir dazu neigen, alle und alles mit unseren Erfahrungen zu vergleichen, nur unsere Maßstäbe anzulegen. So fällt es uns manchmal schwer, die nach uns Kommenden gerecht zu beurteilen.«

Im Frühjahr 1969 wurde Günter zum Vorsitzenden des Berliner Schriftstellerverbandes gewählt – die übergroße Mehrheit entschied sich in der geheimen Wahl klar für ihn. Bald wurde ihm bewusst, nun in einen permanenten Konflikt zwischen Pflicht und Neigung – Vorstandstisch oder Schreibtisch zu Hause – geraten zu sein. Da konnte er noch nicht ahnen, dass sich die zweijährige Wahlperiode wegen der fast immer gleichen Wahlergebnisse für ihn bis auf zwanzig Jahre ausdehnen sollte. Er galt manchen als Versöhnler, anderen als Scharfmacher, besonders als es zu heftigen Auseinandersetzungen im Berliner Verband kam, bei denen es nicht bloß um Literarisches und Berufliches, sondern auch eminent Politisches ging, mit gegenseitigen Anklagen und Verdächtigungen. Etwas Gutes kam dabei am Ende – und das war für unseren Schriftstellerverband und die DDR zugleich das Jahr 1990 – nicht heraus.

Später und bis in die letzte Zeit hinein hat man Günter gefragt, warum er das alles mitgemacht und manchen Unsinn, auch Unrecht, das anderen sowie ihm selbst geschehen sei, hingenommen habe. Schließlich hätte er ja Gelegenheit gehabt, ein Machtwort zu sprechen, als er nicht nur Schriftstellerverbands-Vorsitzender, sondern dazu noch Bezirksleitungs- und ZK-Mitglied gewesen sei. Er hätte doch Zweifel haben müssen, auf der richtigen Seite zu stehen, und das Weite suchen können, oft sei er ja im Ausland gewesen, auch im Westen.

Er war, wie er war, und war dort, wo er glaubte hinzugehören, hier an unsere Seite, in unsere Mitte. Ja, er war ein Vermittler, kein Versöhnler. Er hatte einen festen Standpunkt, eine aufrechte Haltung, auch wenn er zuletzt gebeugt ging, niemals fiel er vor jemandem auf die Knie, höchstens – das mag sein – vor Hanka, seiner über alles geliebten Frau. Schmerzlich, unmöglich, ihn nun wegzudenken aus unserer Mitte, unserem Leben, so wie er war, wurde und blieb – in seiner ruhigen, warmherzigen Art, die Verlässlichkeit in Person und mit einem gerechten Sinn begabt sowie einer Beherrschtheit noch bei den gröbsten Zumutungen.

Er wich den Fragen und Problemen nicht aus, obwohl er alles andere als ein Freund von Streit und Zwietracht war. In seinen Büchern und in unserem Alltag hat er sich auch mit dem Bedenklichsten, also dem Bedenkenswertesten, auseinandergesetzt.

Es lässt mich nicht los, dass er sich in seinem letzten Buch, seinem Lebensbericht »Keine Anzeige in der Zeitung«, nochmals sogar den allerbedenklichsten Fragen um unser gelebtes Leben gestellt hat. Er schrieb da von einer denkwürdigen Begegnung: »Einmal traf ich in den letzten Jahren einen, den ich kenne und sehr schätze, einen, der als junger Mann in Spanien in den Internationalen Brigaden gegen Franco kämpfte, einen wie Hans Beimler, doch er hatte überlebt, auch Buchenwald. Wir trafen uns auf einer Kundgebung der Antifa im Lustgarten, damals noch üblich und möglich, und im Gespräch äußerte ich meine Überlegung, dass es doch gut gewesen sei, dass kein Schuss fiel in jenen Novembertagen. Er sah mich an und sagte lange nichts, er sah mich abschätzend an. Doch dann sagte er: ›Auf so erbärmliche Weise gibt man die Macht nicht aus den Händen.‹ – Unser Gespräch war beendet.«

So schloss abrupt die Schilderung dieses Gesprächs – das aber niemals zu einem Ende kommen wird …

Denn auch das Gespräch mit Dir, lieber Freund, ist nicht beendet, auch darüber nicht. Wir bleiben in Verbindung …

XIV. Zum frei erkorenen Vaterland

Es gibt wohl kaum einen anderen deutschen Dichter und Denker, der sich so unverfroren und scharfsinnig wie Peter Hacks von früh an mit seiner Zeit und seinen wichtigsten Zeitgenossen auseinandergesetzt hat. Als Zwanzigjähriger und noch mitten im Münchener Germanistikstudium, wandte er sich in einem Brief an den »verehrten Herrn Thomas Mann« und schickte ihm einen Seminaraufsatz, den er über den Stil von Manns »Lotte in Weimar« geschrieben hatte. Er verwies darauf, dass sein Professor namens Kutscher diese Arbeit »formal außergewöhnlich gepriesen und inhaltlich für außergewöhnlich unmöglich erklärt« habe, überdies glaube er selbst, wie er versicherte, dass sie »sehr symptomatisch« für die Auffassung sei, welche die heutige Jugend von Ihrem Werk »nicht hat«. Deshalb schicke er einen Durchschlag davon, weil das Original auf der Universität läge. »Es wäre schön, wenn es Ihnen Spaß bereiten sollte, darin zu blättern«, und bekundete seine »tiefste Dankbarkeit und ernsthafte Bewunderung«. Thomas Mann soll daraufhin postwendend geantwortet und dies das »Gescheiteste« genannt haben, was ihm »über das Buch vor die Augen gekommen« sei.

Drei Jahre später, als er gerade seine Dokter-Dissertation über »Das Theaterstück des Biedermeier« abgeschlossen hatte, schickte er einen weitaus längeren Brief an Bertolt Brecht mit einem sehr ernsten, existentiellen Anliegen nach Ostberlin: »Sehr verehrter Herr Brecht, die beiliegende Besprechung des dreizehnten Bandes Ihrer Versuche schrieb ich für die *Neue Zeitung*. Ich machte sie so harmlos und unpolitisch wie möglich (in der Meinung, dass eine günstige Besprechung in einem notorischen Hetzblatt Ihnen jedenfalls sehr nützen müsse), und ich gab mir viel Mühe, selbstverständliche Dinge zu erklären, weil man dergleichen hierzulande nicht versteht ... Ich habe im Frühjahr in Soziologie, Philosophie, Theater- und Literaturwissenschaft promoviert und lebe seither vom Verfassen von Singspielchen und Liedergeschichten für den bayrischen Kinderfunk, welcher einer der freisinnigsten Kulturinstitute Münchens ist. Freilich ist das, milde gesagt, unbefriedigend ... Ergo laborieren wir, wie alle marxistischen Intellektuellen ohnehin, an dem Problem, in die Ostzone zu gehen, und natürlich können wir uns, ohne Möglichkeiten, die Sache selbst zu übersehen, nicht recht entschließen. Mögen Sie uns nicht raten?«

Brecht antwortete lakonisch: »Gute Leute sind überall gut.« Und Hacks nahm es freundlich hin, doch ließ es selbst an brechtischer Gewitztheit nicht fehlen: »Ohne Ihnen damit eine größere Menge Ihrer Muße rauben zu wollen, muss ich Ihnen schreiben, wie dankbar und betroffen ich über die Einfachheit und Deutlichkeit Ihres Rates war. Ich glaube nicht, dass die Ereignisse mir gestatten werden. ihn zu befolgen. Aber es ist immer ein Unterschied, ob man, wenn man über den Bodensee reitet, eine Laterne bei sich führt oder nicht.

Hacks versicherte Brecht, dass der Brief »in ganz ausnehmendem Maße« dazu geholfen habe, »meine

Peter Hacks (1928-2003)

Vorurteile zu lockern und meine Kenntnis von der Welt zu befestigen, und ich habe Ihnen mehr zu danken als eine Auskunft in einer Frage – auch wenn man diese mit Recht als die wichtigste unter den stellbaren bezeichnen kann. Ich bin mit dem Ausdruck jeder möglichen Verbundenheit Ihr getreu ergebener …«

Und fügte noch hinzu, dass er Brechts Schweigen zu seinen mitgesandten Manuskripten (Chansons aus dem »Rundfunk-Kabarett« und eine Geschichte) gleichfalls als einen »Rat« auffasse, doch werde den »auch nicht befolgen«.

Seine kabarettistischen Texte hatte er indessen noch an den »verehrten Doktor Kästner« gesandt, »trotz Ihrer notorischen und meiner nicht minder heftigen Abneigung gegen noch nicht so sehr bekannte Poeten«. Aber vielleicht gelänge es, »doch einmal, darin zu blättern«, und die eine oder andere Kabarett-Nummer – »oder auch nur die Manier der Poesie« – für ein Programm der Kästner'schen »Kleinen Freiheit« nützlich zu finden. »Ich bin dreiundzwanzig«, so schloss der Brief. »Mein momentanes Gewerbe besteht in der Anfertigung komischer Operetten und Hörspiele für den Kinderfunk.«

Damit hatte es jedoch bald ein Ende – nach offenbar nicht allzu großen Bühnen-Erfolgen und wenig kollegialem Beifall. Nach Osten hin behielt er dennoch seine brieflichen und literarischen Erkundigungen bei, schrieb an Friedrich Karl Kaul, Alex Wedding, Heiner Müller, Arnold Zweig, Fritz Erpenbeck, Walter Victor, Wieland Herzfelde zu Werken, Ehrungen, literarischen und sonstigen Neuigkeiten. Es entstanden bereits seine ersten Theaterstücke: »Herzog Ernst« und das Columbus-Schauspiel »Die Eröffnung des indischen Zeitalters«, beide noch in München uraufgeführt.

Im Juli 1955 trat Hacks dann nach der Heirat mit der Kinderbuchautorin und Dramatikerin Anna Elisabeth Wiede die alles entscheidende Reise seines Lebens an.

Die ging entgegen der üblichen Gewohnheit – trotz oder wegen Brechts sibyllinischen Ratschlags – nicht von Ost nach West, sondern entgegengesetzt von West nach Berlin-Ost, DDR. Er nannte die Republik in dem Gedicht, das er gegen Ende seines Lebens schrieb, »Vaterland«:

Das war das Land, in dem ich nicht geboren,
Das Land, in dem ich nicht erzogen bin.
Das ich mir frei zum Vaterland erkoren,
dass bis zum Grab ich atmete darin …

Nach der Umsiedlung meldete er seiner Mutter sogleich fröhlich den Einzug in seine erst einmal provisorische »neue Welt«: »Wir wohnen also jetzt auf den Luftmatratzen sehr bequem auf dem Fußboden. In zwei Zimmern ist frisch gestrichen, weil sie eine falsche Farbe gemacht hatten: Heute sind die großen Kleider- und Wäscheschränke gekommen, aber noch ungestrichen. Wir haben Teppiche angesehen und werden demnächst welche kaufen. Man macht sie hier neuerdings aus Perlon. Den gestreiften Stoff können wir beim besten Willen nicht verwenden; er passt nirgends hin …«

Zwei Wochen später: »Liebe Mutti, meine Frühstücksgebräuche bestehen aus dreiviertel Liter Milch mit Kirschsirup oder Johannisbeersirup gequirlt. Es ist mir bekannt, dass Du unsere Existenz so verstehst, dass wir mit gedrückten Gesichtern auf einem Ruinenhaufen sitzen und vom Staatssicherheitsdienst mit Kaviar gefüttert werden (den ich doch gar nicht mag). Ich werde nicht versuchen, Dir das auszureden. Es ist mir in 5 Jahren nicht gelungen, und es wird mir in weiteren 5 Jahren nicht gelingen. Du wirst uns mal für zwei Wochen besuchen, dann erledigt sich das von selbst …«

Bald gewann er in Berlin neue Freunde und sah sich auch wieder alten und neuen Feindschaften, Hass, Lügen und Verleumdungen wegen seiner Umsiedlung ausgesetzt. Desto emsiger betrieb er weiter seine Briefpost – nun wieder mehr in Richtung West, an einst von ihm geschätzte Kollegen, in deren Werken er eine zunehmende Verwirrung und Kalte-Kriegs-Gesinnung wahrnahm. Es waren keine Nebensächlichkeiten und nicht abseitige Dümmlinge, mit denen er sich auseinandersetze. Das erste bedeutsame Duell über die Grenze hinweg ergab sich, als Hacks in der DDR-Zeitschrift *Junge Kunst* 1958 eine grundsätzliche Entgegnung auf Hans Magnus Enzensbergers Gedichtband »verteidigung der wölfe« veröffentlichte, der darin nahezu »wölfisch« die Politik des Ostens und ihre Politiker attackierte.

»Sehr geehrter Herr enzensberger«, schrieb Hacks – und verkniff sich wohl ungern weitere Anspielungen auf die modisch gewordene Kleinschreibung. »Ich habe mir Ihre Gedichte gekauft, ich habe sie alle gelesen, sie haben ihre Vorzüge. Sie sind weitgehend kontrollierbar, von menschenfreundlicher Absicht und auch von der Absicht der Tapferkeit. Ich kann mich da irren, aber ich halte sie für die besten Gedichte, die in Westdeutschland gemacht worden sind. Es ist aber leider, was sie schreiben, dummes Zeug (ich werfe Ihnen Unkenntnis vor). Und es verhält sich ja nicht so, dass Artistik Unkenntnis entschuldigt; sie macht dieselbe vollends unentschuldbar. Was nützt poetisches Vermögen, ohne Kenntnis, im zwanzigsten Jahrhundert, wo, und Sie werden mir da beipflichten, Poesie ohne Kenntnis nicht mehr gedacht werden kann?

Sie tadeln bestimmte Missstände. Sie nennen ihre Urheber, nicht besonders genau, Wölfe, oder auch Angler oder Henker. Sie haben schon entdeckt, dass zur Unterdrückung zwei gehören, die Unterdrücker und die sich unterdrücken lassen. Sie verurteilen die letzteren, die Lämmer; Ohnmacht ist ein Charakterfehler... Wer sind die Wölfe? ...

Ich werde mit Ihnen handeln, mit der Geduld, die Leuten ziemt, denen das endliche Ergebnis am Herzen liegt, nicht die Selbstzufriedenheit des besseren Arguments. Wer sind die Wölfe? ›belsen und hilde benjamin‹? Das ist einfach eine Nazisauerei, Herr ...

Die Politik bürgerlicher Regierungen, eingeschlossen die der faschistischen, wird besorgt von den Inhabern einer bestimmten Eigentumsform, welche die Ökonomie Finanzkapital nennt. Der Kapitalismus in seinem heutigen Zustand produziert notwendige Unterdrückung und, aus Marktgründen, Kriege. Sie bestreiten beide Sätze nicht, kein ernster Mensch bestreitet sie. Aber aus ihnen folgt, dass, will man die einzige (und nota bene letzte) bestehende notwendige Ursache übler und kriegerischer Politik beseitigen, man diese Eigentumsform abschaffen muss. Das Finanzkapital, wie wir gesagt haben, verfügt über politische Gewalt. Nicht die Gewalt als solche muss abgeschafft werden, vielmehr die Gewalt der monopolistischen Kapitalisten; es muss, um diese besondere Gewalt abzuschaffen, Gewalt angewendet werden, Revolution gemacht werden. Revolutionär ist der mit Flinten und Mitrailleusen bewaffnete Aufstand, ist der Bürgerkrieg. Revolutionär ist die demokratische Justiz, die Justiz der Arbeiterklasse, die Justiz, an der Hilde Benjamin maßgeblich mitgearbeitet hat und mitarbeitet. Ist es schwer zu begreifen, dass die DDR ohne diese revolutionäre Justiz jetzt nicht wäre, was sie ist: ein friedfertiger Staat, ein Staat ohne Nazis, ein Staat, der heute von seiner Justiz um drei Viertel weniger Gebrauch macht als das vormals so großmütige Westdeutschland? Sehen Sie denn nicht, dass Frau Benjamin, wäre sie in Westdeutschland zu Werke gewesen, Ihnen den Josef Strauß erspart hätte, und seinen Putzfleck, den Erler? … «

Enzensberger antwortete darauf ebenfalls mit einem offenen Brief, den er gern in der DDR publiziert gesehen hätte. Das hielt Hacks aber nicht für ratsam und schickte ihm per Post seine Entgegnung nach München, weil er ihn trotz »mieser Passagen« nicht in aller Öffentlichkeit als politischen Feind abgestempelt sehen wollte: »Ein Teil der Gräuel«, schrieb er, »die Sie mit großem Selbstvertrauen ins Feld führen, ist reine Erfindung. Etwa die Behauptung, man könne fürs Sagen der Wahrheit ins Zuchthaus kommen. Oder die, die Russen hätten 1953 irgendwen erwürgt oder sonstwie zutode gebracht). Oder die alberne Geschichte von Brecht und demselben siebzehnten Juni …

Und an der Spitze Ihrer Argumentenhierarchie: Ungarn, der heilige Beweis, der Beweis der Beweise. Sie vergleichen Ungarn mit Guatemala. Sie vergleichen also die Niederschlagung einer Konterrevolution mit der Niederschlagung einer Revolution. Diesen Unterschied, den ich tatsächlich mache, belieben Sie einen feinen zu nennen. Er ist so fein wie ein Unterschied zwischen einem Fisch, der Sie frisst, und einem Fisch, den Sie fressen. Glauben Sie nicht an Konterrevolutionen? … Sie teilen der Welt, nicht ohne Stolz, mit, dass Sie auf keinem der beiden Stühle säßen, vielmehr zwischen denselben. Ich habe diese Behauptung von vielen Leuten gehört. Aber alle, die ich bisher traf, saßen nur mit dem halben Arsch auf dem rechten.«

Gleich nach seiner Ankunft in Berlin, hatte sich Hacks zum Berliner Ensemble begeben, war einer von Brechts Mitarbeitern geworden, Übersetzer, Dramaturg und eine Weile noch diskreter Schüler, der freilich so bald als möglich selbständig agieren und dirigieren wollte. So geriet er schon nach wenigen Jahren ans Deutsche Theater, hatte dort mit dem Intendanten Wolfgang Langhoff einen väterlichen Fürsprecher und auch einen mächtigen Erfolg und Skandal 1962 mit seinem brillanten DDR-Gegenwartsstück »Die Sorgen und die Macht«. Er schrieb und bearbeitete weiter wahrlich klassische Stücke: »Der Frieden« (nach Aristophanes), »Die schöne Helena« (1964, nach Meilhac und Halevy mit der Musik von Jacques Offenbach), »Amphytrion« (1967), »Adam und Eva« (1972), und das »Jahrmarktsfest zu Plundersweilen« (1973, nach Goethe). Das Einpersonenstück »Ein Gespräch im Hause Stein über den abwesenden Herrn von Goethe«, worin bei der Uraufführung seine Herzensfreundin Karin Gregoreck glänzte, wurde zu einem Welterfolg – bis heute mehr als 200mal auf deutschsprachigen und in über zwanzig anderen Ländern fremdsprachig aufgeführt.

In diesem Erfolgsrausch ereignete sich die »Biermann«-Affäre, zu der Hacks gemäß seiner sozialistischen Überzeugung offen und unverblümt Stellung bezog: »Ich muss Biermann nicht vorstellen, er hat sich vorgestellt. Er war in Köln und hat dort, mit wissenschaftlichen Begriffen, gereimten Liedern und vielem Augenrollen und -zwinkern, den Vorschlag gemacht, das Ziel des Kommunismus doch lieber mit bürgerlichen Mitteln zu erreichen. Solche Leute sind, seit es eine Arbeiterbewegung gibt, mit dem Beifall der Geschichte aus der Partei ausgeschlossen worden, und da Biermann beim Vortrag seiner Lehre sehr hässliche Dinge über die DDR sagte, zum anderen das Bestehen einer Art von Bund zur Durchsetzung derselben andeutete, dessen Mitglieder einander mit Genosse anzureden scheinen, eines aber mit Sicherheit nicht sind: Angehörige einer bisher bekannt gewordenen sozialistischen Partei, ist er inzwischen aus der DDR geschlossen.

Er befindet sich nun in Westdeutschland. Ich kann nicht erkennen, dass er sich dort verhalten hat wie einer, dem es dort nicht gefällt. Er ließ sich ganz gehen. Er gab locker und unbefangen den Schatz seines innersten Hirns und Herzens preis, – alles Dinge, die keiner in einer Umgebung tut, die ihn trüb stimmt. Wenn er zugleich beteuerte, ihm sei am Aufbau des Sozialismus in der DDR gelegen, ist er, nach dem, was er uns allen hören ließ, so glaubwürdig, wie es der *Spiegel* wäre, wenn er seinen Titel änderte und das, was er bislang immer geschrieben hat, fortführe unter dem Titel *Die Rote Fahne* zu schreiben …

Er hat die Zustimmung von Heinrich Böll. Böll, man kennt ihn, ist drüben der Herbergsvater für dissidierende Wandergesellen. Biermann hat in seinem Bett übernachtet, und ich hoffe, er hat nicht noch Solschenizyns Läuse darin gefunden. Ich habe Herrn Böll im Fernsehen gesehen. Er machte Augen wie ein Hund von Thurber und zeigte wieder einmal sein geübtes Staunen darüber, dass Konterrevolution in sozialistischen Ländern verboten ist … Gewiss ist die Vorstellung, man könne die Vorzüge des Sozialismus mit den paar noch übrigen Vorzügen des Imperialismus verbinden, angenehm. Aber sie ist, zur gegenwärtigen Zeit, eine ungebildete Vorstellung. Es ist der Wunsch nach einem schokoladenen Leninismus, und ein Lenin, der aus Schokolade wäre, würde schnell schmelzen …«

Dieser *Weltbühnen*-Artikel brachte Hacks den Boykott aller seiner Theaterstücke und sogar der Kinderbücher im Westen ein – so empfindlich und geordnet war dort die Medienwelt selten, doch diesmal knallhart aus strikt obrigkeitlichen und kalt-kriegerischen Gründen. All das war wohl schon eine Vorübung für 1989/90 – so wie es auch Hacks sah.

In seinem letzten Interview, das er nicht von ungefähr am 21. März 2003, zu seinem 75. Geburtstag, der Tageszeitung *junge Welt* gab, nahm er frank und frei zu dieser unisono Totsagung Stellung:

»Die Hauptursache war, dass der westdeutsche Geheimdienst Mitte der 70er Jahre des vorigen Jahrhunderts herauskriegte, dass seine ungeheuren Investitionen, mich zu korrumpieren, wirkungslos geblieben waren. Dafür war das Biermann-Spektakel ein Modell. Das heißt, bis Biermann wurde jedes Stück, das ich geschrieben hatte, in einer Theaterzeitschrift veröffentlicht, fast immer in *Theater heute*. Und *Theater der Zeit* in der DDR war auch noch da. Das endete schlagartig für immer, insofern war das der Drehpunkt. Gleichzeitig passierte zur Biermann-Zeit der Erfolg des Stückes ›Ein Gespräch im Hause Stein über den abwesenden Herrn von Goethe‹. Die ›Stein‹ war so unmissverständlich ein Weltbestseller, dass es wirklich unmöglich gewesen wäre, die abzustellen. *Theater heute* hat, was es niemals getan hatte, über die ›Stein‹ drei Kritiken geschrieben und dreimal mitgeteilt, dass das Stück schlecht und unspielbar ist …

Die Boykottmaßnahmen gegen mich wurden, da sie organisiert sind, natürlich nur über die höheren Instanzen weitergegeben. Ganz viele Provinztheater haben davon nichts gewusst. Das absolute Hacks-Erwähnungsverbot fand statt in der überregionalen Presse und in den Staatstheatern. Die anderen wussten sowieso nicht, was richtig und was falsch ist, da macht man schon mal einen Hacks. Es ist sehr schwer, soviel geschrieben zu haben wie ich und gar nicht bemerkt zu werden.«

Und für noch schwerer und schier unmöglich erklärte Hacks in diesem *Junge Welt*-Schlusswort – fünf Monate vor seinem Tod – die endgültige Totsagung unserer SOZIALISTISCHEN WELT: »Der Imperialismus hat beschlossen, sich nicht für den Sozialismus, sondern für die Barbarei zu entscheiden, das ist das wesentliche Element der gegenwärtigen Epoche. Alle Leute sind unglücklich, denn komischerweise liebt der Mensch als Spezies Barbarei nicht wirklich.

Diese großen neuen Mythen, die auf der Welt auftreten, diese politisch schlecht begründeten, aber großen Volksbewegungen lassen mich hoffen, dass man zwar mit den Menschen fast alles machen kann, aber doch nicht alles … Und all die unzufriedenen Leute, die Bambulas und die südamerikanischen Präsidenten werden nachdenken, wie man den Fortschritt und die Revolution macht. ES WIRD IHNEN JEMAND SAGEN, DASS ES BÜCHER GIBT, IN

DENEN ES DRINSTEHT. Ein kultureller Aufschwung ist manchmal in unglaublich kurzer Zeit herbeizuführen. Insofern würde ich sagen: Selbst wenn ich auf kurze Frist mit einem weiteren Sterben rechne, rechne ich auch, und zwar in einer überhaupt nicht Jahrhunderte währenden Frist, mit einem Wiederaufleben.

Die Krise des Imperialismus besteht im Moment darin, dass er bankrott ist. Sie wird sich mit Sicherheit zu einer Weltwirtschaftskrise auswachsen. Jedermann weiß, Weltwirtschaftskrisen zeugen kommunistische Parteien. Und diese kommunistischen Parteien haben sich durch das Ende des Kommunismus überhaupt nicht beeinflussen lassen. Sie denken, wie sie immer gedacht haben, erst ungeschickt, und dann geschickt. Am Ende verstehen sie es sogar ...«

Bei seinem Tod hinterließ Peter Hacks neben seinen dramatischen Meisterwerken, Kinderbüchern und Gedichten noch drei Essaybände mit seinen »Maßgaben der Kunst«.

Als man ihn Anfang August 2003 wegen einer akuten Lungen-Embolie und unrettbar krebskrank ins Krankenhaus brachte, halluzinierte er, sprach unter starken Schmerzen zeitweise unverständlich, dann wieder klar, entwarf Dramenszenen mit Personen und Dialogen, nahm auch wahr, wer zu ihm kam, und sinnierte zeitweise über aktuelles Geschehen und Politisches: »Maßgaben der Politik«.

Doch er war sich wohl auch in diesen Momenten völlig darüber im Klaren, was die, die ihn gut kannten, von ihm zu sagen wussten: »Es gilt als fraglich, ob die Dichter die Welt ändern. Dass die Welt diesen Dichter nicht ändert, scheint gewiss. Würde man ihn fragen, wohin er gehe, könnte er sagen: In die andere Richtung.«

Zuletzt hatte er noch dafür gesorgt, dass eine wohl informierte Dame unter dem mythologischen Namen der griechischen Mondgöttin Pasiphae – DIE ALLEN LEUCHTENDE – ein Büchlein mit 130 Anekdoten über das Hell und Dunkel seines Lebens und Werkes arrangierte, das mit der trotzigen »Optimismusdebatte« schloss:

»Kann man überhaupt etwas tun?«, sagte ein Mitkämpfer, der es satt hatte.

»Tun wir denn nichts?«, fragte Hacks.

»Was immer wir tun«, sagte der Freund, »es zeitigt keine Folgen.«

»Wer weiß«, sagte Hacks. »Heute nein, morgen doch.«

XV. Die dampfenden Hälse der Pferde im Müll

Schon wieder sind Jahre seither vergangen, es ist schon Historie. Doch vieles bleibt schauderhafte Gegenwart – andauernd, unaufhaltsam?

Am 8. November 1995 druckte die Zeitung *Neues Deutschland* den Artikel, den ich im Zorn geschrieben hatte, nachdem ich Zeuge einer unglaublichen Schandtat geworden war. Es kann nicht wahr sein, dachte ich, als es geschah:

»Die dampfenden Hälse der Pferde im Turm zu Babel«, das Buch, ein Sprachwunderwerk Franz Fühmanns aus den späten siebziger DDR-Jahren, landete am 2. November 1995 auf einem Grünauer Schulhof, nachdem der Einband abgefetzt worden war, im Müll. Der Hausmeister hatte dieses Buch und Hunderte andere herbeigekarrt und schmiss es zu den Büchern, die schon im Müllcontainer lagen.

Es waren die Lesestoffe der versunkenen DDR-Schulwelt: Dutzende Reclam-Ausgaben, nicht wenige deutsche Klassiker und viel vom Besten unserer Nachkriegslektüre: Thomas Manns »Mario und der Zauberer«, Lessings »Nathan der Weise«, Heines »Deutschland ein Wintermärchen«, Schillers »Kabale und Liebe«, Goethes »Faust«, Bertolt Brechts »Die Gewehre der Frau Carrar« und all die »Schriftsteller der Gegenwart« wie Anna Seghers und Willi Bredel, denen einstmals der volkseigene »Volk-und-Wissen-Verlag« handliche Bände über

Leben und Werk zum »Schulpreis« von 3,10 bis 3,30 Mark gewidmet hatte.

Ich hatte meinen Sohn vom Schulhort abholen wollen, nun wurde ich entsetzt Zeuge eines Autodafés. Auf meine Frage an den Hausmeister, warum er diese Bücher in den Müll werfe, antwortete er, das sei so angeordnet: »Denn diese Bücher entsprechen nicht mehr der Norm.« Es war am Nachmittag, nur Hortnerinnen und Hortkinder befanden sich noch im Schulhaus, niemand, den man wegen dieser verordneten »Normerfüllung« herbeirufen konnte, um ihr Einhalt zu gebieten. So ging Buch um Buch seinen Weg in den Orkus.

Ohne weiter zu fragen, griff ich mir, was ich davon wegtragen konnte. Günter Görlichs »Den Wolken ein Stück näher« war darunter, Peter Abrahams »Planke«, auch Nikolai Ostrowskis »Wie der Stahl gehärtet wurde«. Russisch-Wörterbücher, auch deren Einband weggefetzt, »Wissens-Speicher« zur Schulgartenarbeit und zum Werkunterricht fürs 3. und 4. Schuljahr, auch »Lesestoffe für den Literaturunterricht der Klassen 9/10« fand ich unter dem Weggeworfenen. Als ich in dem Buch blätterte, das ich zuvor nie gesehen und von dem ich nichts gewusst hatte, sah ich, dass in dieser einstigen Schullektüre neben Erzählungen von Jurij Brezan, Peter Edel, Walter Flegel, Hermann Kant, Erik Neutsch, Helmut Sakowski und Ruth Werner auch eine Geschichte von mir enthalten war.

Auf dem Titel war wie bei den meisten aussortierten Büchern »Volkseigentum« und der Schulname eingestempelt, der Name eines Kommunisten: Bernhard Koenen, 1933 von den Nazis verhaftet, nach dem Krieg im Parteivorstand der SED und bis zum Tode

Volkskammerabgeordneter der DDR. Doch Volkseigentum existierte nicht mehr, der Name der Schule war in der Wendezeit, ohne Eltern und Schüler zu fragen, abgeschafft und vom Portal entfernt worden, ein »Verwaltungsakt«. Sollten nun auch die letzten Spuren, also die Erwähnung, dass es dies einstmals gab, aus dem Blick und dem Gedächtnis der heute heranwachsenden Generation getilgt werden? War das der Grund der Vernichtung, der dazu gleich mit Heines »Wintermärchen« und Manns »Zauberer« und Brechts gegen die spanischen und deutschen Faschisten gerichteten »Gewehre der Frau Carrar« und natürlich erst recht alle Literatur verfiel, die von DDR-Zeiten zeugte?

Ich folgte dem Hausmeister in die Abstellkammer, aus der er weiter die Bücher karrte. Es waren noch einige Regale gefüllt: Heinrich Manns »Untertan«, Gorkis »Die Mutter«, weitere »Wissens-Speicher«, Kinder- und Jugendbücher von Beseler, Pludra, Renn und Alex Wedding, die meisten vieldutzendfach, harrten noch der »Entsorgung«. Eine gewisse Verlegenheit merkte ich dem Hausmeister an, als ich ihn weiter mit Fragen bedrängte und nach Büchern griff, teils zerlesen, teils druckfrisch, sämtlich der Vernichtung zugedacht. Was änderte es an der Untat, wenn ich einige davon wegschleppte? Ich solle es niemanden sehen lassen, wenn ich hier etwas forttrüge, meinte der Hausmeister, es brauche ja niemand zu wissen…

Manfred Wekwerth, den ich beim Heimtragen der Bücher traf und in Kenntnis setzte, empörte sich maßlos über den schändlichen Vorgang. Er sagte, dass Helene Weigel, als sie einstmals hörte, an DDR-Schulen seien westliche Comics den Schülern weggenommen und dann verbrannt worden, höheren DDR-Orts erklärt habe: Sie gedenke nicht, weiterhin in diesem Land auf die Theaterbühne zu treten, wenn man fortfahre Bücher zu verbrennen, welche es auch seien,

Buchcover des Kinderbuchverlags Berlin

gerade nach dem bekannten deutschen Umgang mit unliebsamen Büchern in der Vergangenheit.

Man sage nicht, es sei nicht angebracht, die Bücherverbrennung der Nazis damit in Zusammenhang zu bringen, dass heutigentags Heines »Wintermärchen« und die Lektüre mehrerer Generationen der DDR-Jugend auf einem Grünauer Schulhof in den Müll geworfen wird. Es ist ja leider kein Einzelfall, nicht das erste Mal in der Nachwendezeit, dass derartiges geschieht. Millionen Bücher sind in den Jahren 1990 und 91 auf den Müll gekippt worden, die meisten der hier genannten Autoren waren darunter und viele, viele mehr.

Das einzige Kainszeichen, das sie trugen und zu ihrer rigorosen Beseitigung genügte, war wohl, in der DDR gedruckt worden zu sein, egal welcher Gesinnung und Herkunft, egal von welchen Völkern und Zeiten sie stammten. Diese Bücher seien nicht mehr gefragt, nicht mehr verkäuflich gewesen, hieß es, die Marktwirtschaft habe es so reguliert und die Wendewut ein übriges getan. Aus den Bibliotheken wurden ebenfalls zuhauf Bücher entfernt, vorrangig DDR-Literatur, und die Gewerkschaftsbibliotheken sind sämtlich aufgelöst. Man hörte jedoch, dass diese Bestände nicht allenthalben auf dem Müll landeten, sondern die Bücher oft billig verkauft oder verschenkt worden sind.

Umso unverständlicher, dass noch Jahre später, da die Wendewut verraucht und sogar der Marktwert zahlreicher DDR-Bücher wieder im Anstieg war, eine Schulleitung – oder wer sonst? – Bücher vernichten ließ. Hierzulande kann, darf das nicht sein – das sollte ein Verfassungsgebot sein.

Das seines Umschlags entledigte und dem Müll zugedachte Buch Fühmanns »Die dampfenden Hälse der Pferde im Turm zu Babel« ist geradezu eine Beschwörung des Wertes und der Würde des Buches und der Sprache, vor allem Schulkindern zugedacht, 1978 im Berliner Kinderbuchverlag in prachtvoller Ausstattung erschienen. Kein Wort, keine Zeile, keine Seite findet sich darin, die heute zu streichen oder einer mensch- oder kindgemäßen »Norm« nicht angemessen wäre. Im Gegenteil, das Plädoyer für den frischen, freien und schöpferischen Umgang mit Sprache und humanistischer Literatur ist angesichts ihrer Gefährdung in der Neuzeit maßgeblicher und notwendiger denn je geworden. In zentimetergroßen Versalien sind darin die Leitsätze gedruckt: ALLES SAGBARE LIEGT IN DIESEN ZEICHEN – ALLES GESAGTE IST NUR EIN GLEICHNIS – WAS MAN SAGEN KANN, KANN MAN AUCH KLAR SAGEN.

In die Mitte des Buches hatte Fühmann die Knüttelreime Bertolt Brechts zum deutschen »Alfabet« gestellt. Der Vers zum Buchstaben »D« lautete:

DIE DICHTER UND DENKER
HOLT IN DEUTSCHLAND DER HENKER.
SCHEINEN MOND UND STERNE NICHT
IST DIE KERZE DAS EINZIGE LICHT.

Literaturverzeichnis

Batt, Kurt »Anna Seghers«, Versuch über Entwicklung und Werke, Leipzig 1973;
Bauer, Franz, »Georg Büchner«, Berlin 1949;
Becher, Johannes R., »Abschied«, Berlin 1958;
Becher, Johannes R. »Auf andere Art so große Hoffnung«, Tagebuch 1950, Eintr. 1951, Berlin 1969;
Becher, Johannes R. »Sterne unendliches Glühen«, Sonderheft *Sinn und Form*, Berlin 1951;
Berger, Friedemann u. a., Hrsg., »In jenen Tagen«, Dokumentation, Leipzig u. Weimar 1983;
Beutler, Ernst, »Essays um Goethe«, Leipzig 1935;
Bock, Helmut, »Sturz ins dritte Reich«, Leipzig 1985;
Brecht, Bertolt, »Arbeitsjournal«, 3 Bd., Frankfurt a. Main 1973;
Brecht, Bertolt, »Briefe 1913-1956«
Brecht, Bertolt u. Weigel, Helene, »Briefe 1923-1956«. Frankfurt a. Main 2012;
Brecht, Bertolt, »Die Gedichte von Bertolt Brecht in einem Band«, Franfurt a. Main 1981;
Brecht, Bertolt, »Gesammelte Werke«, 20 Bd., Frankfurt a. Main 1967;
Brecht, Bertolt, »Notizbücher 1927-1930«, Berlin 2010;
Brecht, Bertolt, »Sonderheft Bertolt Brecht«, Sinn und Form, Berlin 1949;
Brecht, Bertolt, »Schriften zur Literatur und Kunst«, 2 Bd. Berlin 1966;
Brecht, Bertolt, »Schriften zur Politik und Gesellschaft«, 2 Bd., Berlin 1966;
Buchwald, Reinhard, »Schiller«, 2 Bd., Wiesbaden 1954;
Büchner; Georg, »Dantons Tod«, Leipzig 1948;
Büchner, Georg, »Der Hessische Landbote«, Leipzig 1947;
Büchner, Georg, »Werke und Briefe«, Leipzig 1952;
Burschell, Friedrich, »Friedrich Schiller«, Selbstzeugnisse u. Bilddokumente, Hambur 1958;
Damm, Sigrid, »Friedrich Schiller«, Frankfurt a. Main u. Leipzig 2002;
Damm, Sigrid, »Christiane und Goethe«, Frankfurt a. Main u. Leipzig 1998;
Dwars, Jens-Fietje, »Abgrund des Widerspruchs«, J. R. Becher, Berlin 1998;
Ebersbach, Volker, »Heinrich Mann«, Leben Werk Wirken, Leipzig 1978;
Eckermann, Johann Peter, »Gespräche mit Goethe«, Berlin 1987;
Flach, Willy, Hsg., »Goethes amtliche Schriften«, Weimar 1950;
Fühmann, Franz, »Die dampfenden Hälse der Pferde im Turm zu Babel«, Berlin 1978;

Goethe, Johann Wolfgang von, »Goethes Werke«, Sophien-Ausgabe, Weimar 1887-1919;
Hacks, Peter, »Am Ende verstehen sie es«, Politische Schriften 1988-2003, Berlin 2005;
Hacks, Peter, »Diesem Vaterland nicht meine Knochen«, Gedichte, Berlin 2008
Hacks, Peter, Hrsg. Kirsch, Rainer, »Verehrter Kollege«, Briefe an Schriftsteller«, Berlin 2006;
Hacks, Peter, »Werke«, Bd. 1-15, Berlin 2003;
Hacks, Peter u. Holz, Heinz, »Nun habe ich Ihnen doch zu einem Ärger verholfen«, Berlin 2007;
Hacks, Peter u. Kipphardt, Heinar, »Du tust mir wirklich fehlen«, Briefwechsel, Berlin 2004;
Hacks, Peter u. Müller, Andre, »Nur dass wir ein bisschen klärer sind«, Briefwechsel, Berlin 2002;
Heine, Heinrich, »Werke«, 3 Bd. Frankfurt a. Main 1968;
Hepp, Michael, »Kurt Tucholsky«, Reinbek bei Hamburg, 1998;
Hermlin, Stephan u. Mayer, Hans, »Ansichten über einige Bücher u. Schriftsteller«, Berlin 1948
Ihering, Herbert, »Heinrich Mann«, Berlin 1951;
Kästner, Erich, »Als ich ein kleiner Junge war«, Hamburg u. Zürich 1957;
Kästner, Erich, »Kästner für Erwachsene«, Frankfurt a. Main 1966:
Kesting, Marianne, »Brecht«, Reinbek bei Hamburg 1959;
Lemke, Karl, »Heinrich Mann – Zu seinem 75. Geburtstag«, Berlin 1946;
Lichtenberg, Georg Christoph, »Sudelbücher«, 2 Bd., München 2005;
Lyon, James K., »Bertolt Brecht in America«, Princeton, New Jersey 1980;
Kaiser, Bruno, Hsg., »Das Wort der Verfolgten«, Berlin 1948;
Marcuse, Luwig, »Mein 20. Jahrhundert«, Lebenserinnerungen, München 1963;
Mann, Heinrich, »Essays«, 2 Bd., Berlin 1954;
Mann, Heinrich, »Ein Zeitalter wird besichtigt«, Berlin 1947;
Mann Heinrich, »Zur Zeit von Winston Churchill«, 1939-1941, Franfurt a. Main 2006;
Mann, Thomas u. Heinrich, »Briefwechsel 1900 – 1949«, Berlin 1969
Mayer, Hans, »Wendezeiten«, Franfurt a. Main 1993;
Middell, Eike, Hsg. »Exil in den USA«, Leipzig 1979;
Middell, Eike, »Thomas Mann«, Leipzig 1965;
Mitgang, Herbert, »Überwacht – Große Autoren i. d. Dossiers«, Düsseldorf 1992;
Mittenzwei, Werner, »Das Leben des Bertolt Brecht«, 2 Bd. Berlin 1986;
Müller sen., Andre, »Gespräche mit Hacks 1963-2003«, Berlin 2008;
Pasiphae, Hrsg. »Was ist das hier?«, 130 Anekdoten über Peter Hacks, Berlin 2003;
Schumacher, Ernst, »Das Leben Bert Brechts«, Berlin 2000;
Seghers, Anna, »Die Kraft der Schwachen«, Berlin 1985;

Seghers, Anna, »Aufsätze u. a.«, 2 Bd., Berlin 1984;
Seghers, Anna, »Briefe 1924-1952«, Berlin 2008;
Seghers, Anna, »Erzählungen«, Berlin 1952;
Seghers, Anna, »Glauben an Irdisches«, Essays, Leipzig 1974;
Seghers, Anna, »Hier im Volk der halten Herzen«, Briefwechsel 1947;
Seghers, Anna, »Sonderbare Begegnungen«, Erzählungen, Berlin 1972;
Stephan, Alexander, »Im Visier des FBI«; Exilschriftsteller, Stuttgart u. Weimar, 1995;
Stolper, Armin, »Meine geliebte stolze Republik«, Böklund 2007;
Stolper, Armin, »Karfreitag kommen die Kommunisten«, 2008;
Strittmatter, Erwin, »Ein Dienstag im September«, 16 Romane in Stenogrammen, Berlin 1977;
Strittmatter, Erwin, »Lebenszeit«, Ein Brevier, Berlin 1987;
Strittmatter, Erwin, »Nachrichten aus meinem Leben, Tagebücher 1954 – 1973«, Berlin 2012;
Strittmatter, Erwin, Schulzenhofer Kramkalender, Berlin 1976;
Strittmatter, Erwin, »Wahre Geschichten aller Ard(t)«, Berlin 1982;
Thiele, Andre, Hrsg., »In den Trümmern ohne Gnade«, Festschrift für Peter Hacks, Berlin 2003;
Tucholsky, Kurt, »Briefe 1913-1935«, Berlin 1983;
Tucholsky, Kurt, »Gruß nach vorn«, Auswahl, Berlin 1948;
Tucholsky, Kurt, »Q-Tagebücher«, Reinbek b. Hamburg 1978;
Tucholsky, Kurt, »Sudelbuch«, Reinbek b. Hamburg 1993;
Tucholsky, Kurt, »Unser ungelebtes Leben«, Briefe an Mary, Reinbek b. Hamburg 1982;
Victor, Walther, »Heine«, Volkslesebuch, Weimar 1950;
Völker, Klaus, »Brecht-Chronik«, Daten zu Leben u. Werk, München u. Wien 1997;
Wekwerth, Manfred, »Brecht«, Berichte und Erfahrungen, München u. Wien 1976;
Zehl Romero, Christiane, »Anna Seghers«, Reinbeck b. Hamburg, 1993

ISBN 978-3-89793-300-2

Umschlaggestaltung: edition ost, unter Verwendung eines Motivs
von Robert Allertz: Sonnenuntergang bei Mittenwalde unweit des Landsitzes
von Peter Hacks, 14. Oktober 2011, 18.42 Uhr; Rücktitel: Archiv Panitz
Illustrationen: Archiv edition ost

14,99 Euro

Die Bücher des verlags am park werden
von der Eulenspiegel Verlagsgruppe vertrieben

www.edition-ost.de